做个引领孩子成才的好妈妈

刘光应◎著

光明日报出版社

图书在版编目（CIP）数据

做个引领孩子成才的好妈妈 / 刘光应著. --北京：光明日报出版社，
2014.8（2022.3重印）

ISBN 978-7-5112-7103-7

Ⅰ.①做… Ⅱ.①刘… Ⅲ.①家庭教育—通俗读物 Ⅳ.①G78-49

中国版本图书馆CIP数据核字（2014）第184537号

做个引领孩子成才的好妈妈

ZUO GE YINLING HAIZI CHENGCAI DE HAO MAMA

著　　者：刘光应

责任编辑：谢　香　　　　　　　　　　　责任校对：傅全泽
封面设计：李尘工作室　　　　　　　　　责任印制：曹　诤

出版发行：光明日报出版社
地　　址：北京市西城区永安路106号，100050
电　　话：010-63169890（咨询），010-63131930（邮购）
传　　真：010-63131930
网　　址：http://book.gmw.cn
E - mail：gmrbcbs@gmw.cn
法律顾问：北京兰台律师事务所龚柳方律师

印　　刷：天津画中画印刷有限公司
装　　订：天津画中画印刷有限公司
本书如有破损、缺页、装订错误，请与本社联系调换，电话：010-63131930

开　　本：185mm×260mm
字　　数：238千字　　　　　　　　　　印　　张：15.75
版　　次：2014年8月第1版　　　　　　印　　次：2022年3月第2次印刷
书　　号：ISBN 978-7-5112-7103-7

定　　价：38.00元

自 序

真相！真相！！

——揭开和谐家庭建设&成才教育的神秘面纱

您的家庭和谐吗？

您一心向往的和谐家庭是什么样的呢？

您为和谐家庭建设做了哪些努力，效果如何？

您心目中成才的标准是什么？

您的孩子成才了吗？

您找到协助孩子成才的方法了吗？

当孩子遭遇重大的成长挫折，您如何协助孩子成才呢？

……

个个都是重量级的问题，都需要您有答案，如何判断您的答案正确与否呢？

标准答案是什么？

是谁制定的标准答案？

他有制定标准的资格吗？

为什么标准答案那么多呢？

为什么这些答案之间还相互矛盾呢？

人人都需要知道这些，应该相信谁给我们的答案呢？

真相，你在哪里？

一、和谐家庭是孩子成长的沃土

家庭是否和谐的答案，存于每个家庭成员的主观感受中。

这个主观感受是全面的、综合的、系统的与动态的，当你感受到自己与其他家庭成员在生活、成长与成才方面都协调发展时，生活就幸福美满，这就是和谐家庭给你的感觉。

怎么才能做到家庭和谐呢？

只需每个家庭成员都努力做到以下六点：

一、摆正在家庭中、家族中及社会人际关系中的角色位置；

二、正确认识、体验、担当生活、成长、成才中的实际压力；

三、面对机会和诱惑时正确的行为选择；

四、与家庭成员之间爱与认可体系的有效建立；

五、合理经营持续的蕴含着精神力量与爱的合法经济来源；

六、提升自我价值的思维与行为方式的形成。

由此，我们就更好理解和谐家庭建设的标准了，"全面"指的是以上六个方面缺一不可；"综合"指的是这六个方面不是简单的一加一的关系，而是相互依存，相互促进的关系；"系统"则强调的是包括所有家庭成员及每个家庭成员留给其他家庭成员的感受；"动态"是指在家庭的不同阶段，对每个成员在生活、成长、成才等方面的六点要求标准是不同的，变化着的。

家庭是土壤，孩子是种子，和谐的沃土更利于孩子成长。

十年磨一剑，十年成就一个最佳和谐家庭建设咨询师。2013年度搜狐职场一言堂将这个荣誉称号授予我，我倍感欣慰，不为我自己，为这个关乎千家万户的职业。当"和谐体"从时尚语变为"吐槽话"的时候，中国最大的门户网站把和谐家庭建设工作划定为一个职业，令我们从业者欢欣鼓舞。这意味着在这个领域，大家减少了"乘上汽车司机开的飞机"的几率，话语权会越来越集中在专业从业者的手中，科学家庭教育的时代已悄然来临。

二、每个孩子都能成才

每个孩子都是优秀的，认为这句话谬误的家长为数不多。

每个孩子都是能够成才的，认为这句话正确的家长就少之又少了。

这不矛盾吗？

优秀的孩子为什么不能成才呢？

在优秀的孩子飞往成才之塔的路途中，有很多只有形与无形的手——有形的手是我们给孩子营造的环境，无形的手是我们的思维模式与思想观念——在拔他们的羽毛，多数孩子成为坠落的天使，本该登上成才之塔顶端的幸运儿也大都迫降在了塔基，令人痛心疾首！

对"成才"的曲解就是这些无形的手中重要的一只，在绝大部分国人的心目中，考上好大学就是孩子成才的标志与标准。于是，千百万初高中生与其父母都齐刷刷的成了"分数控"，几门功课的分数成了"点人才棒"，这根棒子打得多少孩子失去了笑容，失去了好奇心，失去了生活的情趣，甚至失去了生命，这绝不是危言耸听，哪个高考季没有染上众多花季少年逝去生命的鲜血呢？造字人很神的，"分"不就是"八"把"刀"吗，插向孩子们心脏的八把刀。

如何放下横在孩子成才之路上的屠刀呢？

一、改变观念。要改变观念，先要清晰概念。成才的概念到底是什么呢？成才是指一个人获得其<u>优势能力①</u><u>充分发展②</u>后<u>正向社会资源③</u>的<u>认可状态④</u>与<u>社会评价⑤</u>。在孩子成才的道路上，不同的阶段这五个方面对孩子的影响也有不同的权重，这就需要每个家长因"孩"制宜。

二、营造环境。孩子成才的环境就是其正向社会化的环境，主要包括家庭、学校、伙伴关系与大众传媒。

三、找准规律。找青少年自我教育成才的规律，早在2007年，我就提出了"清"、"境"、"方"、"能"、"成"、"大"、"器"的青少年自我教育成才七字诀，好记又实用，家长与孩子一起学更利于孩子们掌握与应用。

四、教育引导。父母该如何教导孩子这个老生常谈的问题，从古至今，介绍这方面理念与方法的书籍可谓汗牛充栋，可有多少个家长真正知道该怎么做呢？十年来，我坚持集体教学、个案辅导、学术交流与理论创建等四个方面协调发展，完成一百多万字的和谐家庭建设＆成才教育系列著作，独创四个认可理论、五大视野法、思维七阶梯法、家庭认可体系法等实战方法，被广大家长奉为和谐家庭建设与教子成才的宝典。

十年来，我深度个案辅导一千多因早恋、与父母对抗、自闭、厌学、过度使用网络等方面成长遇挫的青少年，辅助他们达到新的成长高度，实践证明每个孩子都是能够成才的，即使他们曾深陷沼泽。

三、成才教育理论及师资现状

成才教育的领域远没步入百家争鸣的时代，当然，乱哄哄的争鸣是有的，但鸣者之中能称得上"家"者，寥寥！

何也？

其一，传统的遗毒。疯了的范进，那也是举人；当了保安的清华大学学子，那也是高材生；"考霸"10次参加高考其中七次考上重点大学，其中包括北大，2014年如愿考上清华，那也是人才……，几千年的史实，几千年流淌于我们骨髓里的观念，岂是轻易更迭得了的？这种以考试成绩为导向的"人才观"依然是主流，君不见多少有志于改革的初高中校长被家长们唾骂——升学率低了；君不见京城内外大江南北补习班人满为患——提分快就是硬道理……，在这种凶猛的浪潮中，有几个顶风逆浪的船儿能够幸存呢？

其二，现实的诱惑。2004年我就进驻了成才教育这个"清水衙门"，同期做"提高分数教育"的朋友都一骑绝尘了，我依然在骑我的小毛驴，是我迟钝，是我理想化，还是我故作清高？都不全是。2004—2014年是中国家庭教育蓬勃发展的十年，成就了数不清的"提高分数教育"者，也给了我们这一小拨"逆水行舟"者强劲筋骨的空间，在龟行的路途中，虽也曾彷徨过，但还是坚持"东到海"，现在，我自称"海龟"，有了更广阔的海域，虽众多的"天龟天鳖"齐降汪洋，但奈何"南橘北枳"。

其三，思维的迷局。近一百年来，中国社会的动荡何其剧烈；近五十年来，中国经济的发展何其迅速；近三十年来，中国人的思维变化何其巨大，我们当今的国人依然要过很多个思想的关口——传承优良的传统；摈弃鄙陋的陈习；借鉴外来的精髓；抵制舶来的糟粕；发展本土的文明；拒绝外来文化的侵扰等等，要在纷繁复杂的思维迷局中坚守成才的五大要点，何其难也！

其四，躬耕的艰辛。成才之师，必先成才！要想从事成才教育工作，自己必先要成才，这是最基本的，就像要教别人开车，自己必须会开车一样。这一条，就足以在很多现行成才教育之师前加个"伪"字。如果再在成才教育的前面冠以"和谐家庭建设"的帽子，则所剩真正的成才教育之师，鲜矣！教育别人难，教育自己更难，构建和谐家庭与自我成才都是马拉松，因为难能，故在成才教育的队伍中存在着众多淘金的伪者。

其五，人生的境界。三十年前，我们大多不饿了；二十年前，我们集体吃饱了；十年前，我们大多吃好了；今天，我们才开始研究如何更健康的吃，在"胃占有"的现实存在成为思维定势的社会，大众精神财富的平均值能高到哪儿去呢？所以，伪成才教育之师偶尔也能发出震耳发聩的声音，如教育好一己之子便信心满满、大张旗鼓的教育天下之子；自己得来了高学历便吵嚷着"我的学历可以复制"；商而优则教，官而优则教，学而优则教，甚至"伤"——被孩子折磨得死去活来，后来孩子也稀里糊涂"成才"的家长——而优则教等等，把成才教育如此严肃的事业搞得乌烟瘴气！

是为成才教育理论及师资现状。

四、系统的、科学的解决体系

很多人问我：为什么非要在成才教育前面冠以和谐家庭建设的帽子？

我的回答很简单：倾巢之下岂有完卵？

一个游离和背叛了家庭的人能够在正向的社会团队中获得生存、认可、机会与发展吗？

在本书的第六章提到了我们的使命，就是在和谐家庭建设的基础上让每个家庭成员都成才，下图清晰地表达了我的观点。

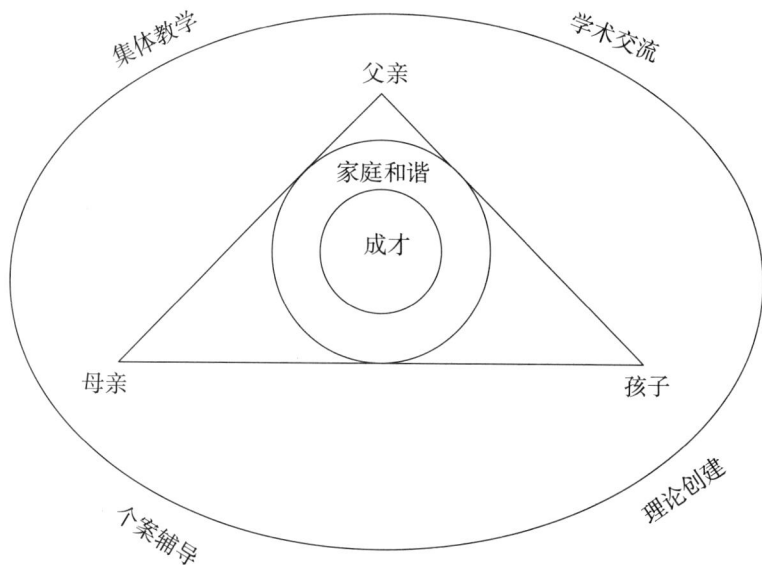

在本书第五章之"家庭之鼎的三条腿"中，我明确提出家庭和谐是三足鼎，成才教育也是三足鼎，父亲、母亲与孩子分别是其中一足，能支撑起多大的鼎取决于最弱的那一足。

如何才能强壮每一足呢？

为什么我的方法就能让每一足都强壮呢？

2004年以来，我始终坚持集体教学、个案辅导、学术交流与理论创建等四个方面协调发展，独创四个认可理论、五大视野法、思维七阶梯法、家庭认可体系法等实战方法，被广大家长奉为和谐家庭建设与教子成才的宝典。

一、集体教学。跨度十年的、参与人数上万的58届全国性大型和谐家庭建设 & 成才教育四日课，为理论研究提供了广阔的舞台，对这些案例的综合分析，我们提炼出了共性的问题与解决方案，并在一次又一次的课程中提炼与升华。

二、个案辅导。通过对一千多例青少年常见成长挫折——早恋、与父母对抗、自闭、厌学、过度使用网络等——的矫正教育，将共性的解决方案在个案中予以拓展，广度与深度兼具，在一个个鲜活案例的滋养下我们的理论体系得以生根、发芽、开花、结果。

三、学术交流。和谐家庭建设也好，成才教育也罢，不是什么"世外桃源"，也不是什么"阳春白雪"，我向来反感将其神秘化、玄虚化，相反，我把他们看作衣食住行乐吃喝拉撒睡柴米油盐酱醋茶，因此，我们要关注生理学、心理学、社会学、教育学、哲学、管理学、经济学等相关学科，要建立在日常生活中演奏和谐家庭建设&成才教育神曲的理念，当我们具备了生活处处是沃土的慧眼，便没有孩子不开花了。

四、理论创建。理论的创建贵在实用、严谨、科学与体系，我们对所提出的每一个理论都"变态"的负责，就像对待自己的孩子一样，孩子是一天一天一秒一秒长大的，由不得我们着急，所以，在信息快餐化的今天，我们却反常的慢了下来，我们将孩子的成长过程详尽地展现在您的面前，让您进入他们的生活，和他们同处一室，共吃一饭，大家就越来越像一家人了，我的孩子就是您的孩子，这就是我想要的。当您学会和我的"孩子们"相处了，和您自己的孩子相处还会难吗？

是为真相。

我回答了您的问题了吗？

目 录
contents

曾经优秀的孩子就一定持续优秀吗?

引导孩子成才的秘诀到底是什么?

第 一 章

"你挂我电话，我就去死！"

如果你接到一个莫名其妙的电话，对方没头没脑地说一句："你挂我电话，我就去死！"你会怎么做呢？

2007年。

盛夏。

正午。

北京市海淀区。

刚做完一个家庭访问，沿着其所在小区的花丛小道往外走，回想着刚才与这个家庭的愉快交流，我心里美滋滋的！

"心若在梦就在，天地之间还有真爱，看成败人生豪迈，只不过是从头再来……"多么美妙的手机彩铃呀！

接通电话。

"你是刘光应吗?"一个接近愤怒的、女士的声音。

"是我，请问您是?"

"我姓黄，你要是挂我电话，我就去死！"嘶哑的嗓音透着歇斯底里。

"我们认识吗?"

"当然不认识。我是个失败的母亲，没人愿意帮我，所有人都挂我电话，都逼我去死，都是见利忘义的坏蛋，都是说一套做一套，狗屁专家×××就知道训斥我，混帐教授×××就知道忽悠我，老娘我不是个熊包，我不想再受你们的气了……"牢骚在继续，好像没有停止的迹象，我的头皮紧起来。

艳阳，毒！

蝉声，噪！

汗衣贴后背，酸液涌喉头，这莫名的电话真让人抓狂。

这电话挂不挂呀，挂了，我就成了下一个"狗屁×××"、"混帐×××"；不挂，我委屈呀，关键是我听这些抱怨没有任何意义，真是骑虎难下！

"你聋了吗？讲话呀！"这位女士继续发飙。

我决定迎战，便提高了音调，语气很平静："黄女士，你听好了，我不会挂你电话，请你有事说事，别说话夹枪带棒的，找我有什么事，请直说吧。"

在黄女士前言不搭后语的、重复重复再重复的表述中，我对她的遭遇有了个大概的了解。

黄女士，家住南方某地级市的城乡结合部，无业，无经济收入。其老公患严重疾病，且病入膏肓。看病花光家里积蓄，欠债十几万，现举债无门。儿子坤，20周岁，辍学宅在家里三年多了，大门不出，二门不迈，长发齐肩，不事梳洗，肮脏邋遢怪异如魔鬼，性情暴躁，打骂母亲，称帝家里。

曝于艳阳下有些时分了，我嗓子发干，额头上布满了一座座小小的汗山——已坍塌的汗山汇集成了小小的咸味泥水流，侵袭双眼，酸痛刺痒，早已发烫的手机在耳边传来嘟嘟嘟的忙音——信息流突然断了。

"心若在梦就在，天地之间还有真爱，看成败人生豪迈，只不过是从头再来……"手机又聒噪起来。

"刚才手机没电了，我老公那该死的大嫂，见死不救的妖精……"

"对不起，黄女士，先打断一下，我现在是在外面，天气很热，我找个凉快点的、安静点的地方给你打过去，好吗？"

"那，那好吧，说话算数噢。"

在黄女士的应承中，我隐约听出了轻轻的叹息、淡淡的无奈、点滴的理解和丝丝的期待。

迪欧咖啡。

一杯拿铁，一份茶点。

一股股沁人香，一阵阵透心凉。

人已定，心亦静。

"黄女士，您好，我是刘光应。"电话在我拨通的一霎那就接通了。

"你真的不会挂我电话吗？"黄女士口气中带着质疑。

"这不是很难办到的事，我不会主动挂你电话的。"

"我很令人讨厌吗？"黄女士语气柔和了很多。

"孩子成长遭遇挫折，当妈的谁不是心急火燎的呢？有什么我能帮到您的吗？"我一直使用敬语与黄女士交流。

★★ ★★ ★★ ★★ ★★

我们的工作性质决定了，和我们谈话的人大都是"伤人"——被"生活中最亲近的人"伤得"痛不欲生"的人，在工作接触中，我们很可能成为他们倾倒负面情绪的"回收站"或"垃圾桶"。对此，我们应该有充分的思想准备及正确的认知：

一、倾听的过程就是助人的过程——可以减轻倾诉者的压力；

二、这是收集我们所需要的宝贵资料的极佳时机；

三、是观察与了解倾诉者的重要方式之一。

★★ ★★ ★★ ★★ ★★

在接下来一个多小时的交流中，黄女士的言语几无逻辑性可言——车轱辘话一箩筐，有价值信息两三言——一会儿言及老公，一会儿语涉孩子，一会儿谈到自己，一会儿说到吃饭，一会儿讲到看病，一会儿扯到自杀，一会儿唠到举债……伴着黄女士倾诉的是她那时而叹息，时而咬牙切齿，时而轻声抽泣，时而苦笑，时而怒骂的丰富语境，整个过程，我几无插话的机会，像听了一场单口相声。

我手机里传来了弱电提示音，我敬告了黄女士，并约定于当晚20：00再沟通。黄女士嘟囔说没有钱打电话，让我给她打过去，我平静应允。

胃反酸，咖啡格外苦。

音乐轻，拨乱我心弦。

当晚，20：00。

"黄女士，您好，我是刘光应。"手机在嘀完一声后就接通了，很显然黄女士是非常在意我的电话的，这让我心情大悦。

★★ ★★ ★★ ★★ ★★

一叶知秋，一个微小的细节往往能折射出事情的本质。本案例中，黄女士的愤怒反映出几个问题：

一、对我这个陌生人的愤怒，说明黄女士人际交往上的问题；

二、对"狗屁专家×××、混帐教授×××"的愤怒，说明黄女士在社会适应上的问题；

三、对亲戚朋友的愤怒，说明黄女士生活中的窘迫，也显示出了其社会支持系统的问题；

四、对孩子的愤怒，说明黄女士对孩子的教育束手无策，也反映了她对孩子"不放弃"的态度。

前三项是我们要打开的锁，第四项便是钥匙。

"愤怒"并没有将黄女士击倒，相反，她背负着这些愤怒的包袱不断求索，甚至还能把"愤怒"当着武器——"你要挂我电话，我就去死！"，这是只有母爱才能奔涌出的能量，这种能量是我们取得"燎原之势"的"星星之火"，黄女士对我给她打电话的那份期待，正是这母爱能量所折射出的一点火星。

★★ ★★ ★★ ★★ ★★

"您吃过晚饭了吗？"没等黄女士说话，我接着问道。

"无所谓，习惯了。"声音像是从鼻腔中发出的，显得有气无力。

"黄女士，我没有做过纯粹的电话咨询，我并不清楚您的家庭情况，真的怕误导您，还请您谅解！"

"不愿意帮我就算啦，别说好听话，我用不着你可怜，都是混帐玩意儿——"

啪，电话被挂掉了，嘟嘟嘟的忙音刺得我脑仁儿生疼。

我重拨。

啪，嘟嘟嘟……

我再重拨。

啪，嘟嘟嘟……

"别假慈悲，我不需要你怜悯"黄女士怒叱道。

"黄女士，我不需要向你证明什么，我也不欠你什么，请你好好和我说话，如果你觉得我会对你有帮助，你就把你家庭所遇到的问题写下来，邮寄给我。只有全面了解了你们家的情况，我才有可能给你有价值的建议，你也不希望我浮皮潦草地应付你，对吧？"纵然黄女士像个火药桶，我依然气定神闲。

"别假装清高了，用不着找借口，明知道我不会写字，还刁难我，哼哼哼，哼！"冷笑，不咸不淡，黄女士的语气透着累累白骨，让人不寒而栗。

"请问您什么文化程度？"我平静地问。

"小学文化，几十年都没摸过书了，笔都不会拿了，你叫我写字？！"我分明听出了黄女士言语中的自鸣得意，可悲！

"不要求你语言多么优美，措辞多么精准，把事情说清楚就行了，不会写的字，可以用拼音标注。我只有了解了问题的来龙去脉，才有可能给您有价值的意见与建议，这一点，您应该能够理解的。我一会儿把我的通讯地址发短信给你，你赶紧着手写，写完就邮寄给我，行吗？"虽然我的语气轻柔如无骨的春风，却透出这事儿没有丝毫商量及妥协余地的语态。

电话那头，死静。

不知过了多久，传来几个软绵绵的字：我，试试看。

半个多月的一个上午，我照例打开信箱，看到黄女士的信件，竟有如获至宝的感觉。

沉甸甸的平信，字大如斗，字迹如醉罗汉打拳——东倒西歪，洋洋洒洒63页，家庭传记呀，够劲儿！

阅读黄女士的信，如黄沙里捡小米——令人眼晕，边读边把字句校正，通读下来，竟用了两、三个小时！虽错字连篇，语病百出，但把她家里的那些事儿描述得似小葱拌豆腐——一青二白，轻闭双眼，她这一家子三口便在我的脑海中活络了起来。

　　三四岁时，我是爸妈心目中美丽的小公主；哥哥挖空心思地讨我高兴；姐姐什么事都让着我，我可以肆意地欺负她，而她一点都不生气，快乐的日子一天连着一天。

　　5岁时，哥哥姐姐教我习文写字，我学得很快，但总撒娇偷懒不学，还以此作为气哥哥姐姐的手段，看着他们生气，我甭提多得意了，他们也不真与我计较，大家一起闹着玩，我戏他们，他们逗我，哈哈大笑是我们生活的主旋律。

　　8岁时，哥哥姐姐带我去上学，我是个乐天派，整天笑声不断，欢歌绕梁，被誉为"小百灵"，颇受老师、同学们的青睐。

　　9岁时，我上了小学二年级，本来小学的知识就容易学，我学东西又很快，学习成绩自然很好了，小学阶段，是我人生中最幸福的阶段，生活真的像蜜一样甜。

　　生活的第一个重大打击出现在我12岁那年，爸爸得了一种怪病——按现在的医疗条件也许就不算啥怪病了，给爸爸治病，很快就花光了家里本来就不多的积蓄，一家人节衣缩食，但还是不能凑够爸爸的治疗费。那时，我们家庭每年的收入很少，而治病每天都要花钱，生活陷入了困境，连吃顿饱饭都成奢望了，唯有向亲友借钱，一次两次还行，时间长了谁也受不了呀，本来过去很亲近的人都像躲避瘟神一样疏远我们。妈妈本是个好强的人，但生活还是把她打垮了——她竟然走在了爸爸的前面，妈妈一走，爸爸也服毒跟着去了。

　　爸妈不在了，家里还欠了一屁股债，锅都揭不开了，每天都饿得头晕眼花的，还怎么可能继续上学呢？哥哥姐姐先后辍学，13岁，本该上初中的我也被迫离开了学校。

　　13岁到16岁是我最混沌的四年，从一个高贵的公主落魄为灰姑娘，我接受不了这个事实，也适应不了接下来的生活，整天整天的发呆发愣，被悲痛包裹，被忧伤缠绕，做任何事都提不起精神。还好哥哥姐姐都没为难我，在那个最艰难的时期，他们对我的理解与宽容，给了我活下去的理由。

17岁时，我开始帮哥哥姐姐做些力所能及的事，并走出房门去触碰外面的世界，人也变得开朗起来，也就在那时，我认识了我现在的老公叶清扬。那时的我已出落成亭亭玉立的大姑娘了，虽说不上是沉鱼落雁闭月羞花，但也算说得过去。清扬的出现改变了我的生活，他给我带来了活力，带来了希望，从此，他替代了哥哥姐姐成为最宠爱我的人。在我们相爱的三年里，他从不让我受任何委屈，他可以不吃不喝省钱为我买礼物，还拼命挣钱为我家还债，并满足我任何他可以做到的要求，有了他，我又变成了公主，阳光又洒满了我的心空。

20岁那年，我心甘情愿地嫁给了清扬，带着对幸福的憧憬，我成了最幸福的新娘。

婚后，清扬对我更好了，他不仅包揽了所有的家务，工作也更拼命，挣钱也不少，还替我家还清了债务。我的生活重又充满了欢声笑语，虽然在家做全职太太，但清扬从来都没有给我任何压力，还说我嫁给他就是来享清福的，我开心是他最大的心愿。

22岁那年，我生了坤，清扬对我更好了，除了喂孩子奶水以外，我任何事都不用干，他也不允许我干，每次看见我干活他就跟我闹脾气，长时间不干活也真的是变懒了，也不想去干了。这样的生活整整持续了12年，有时想想也值了，这也是我拼着命要救清扬的原因——就算全世界都宣判他死刑，我还是会拼尽全力去救他，这个世上，再也找不到有比他对我更好的人了！

我32岁那年，清扬生意上赔钱了，赔得很多，远远超出了我们的承受能力了，虽然他拼尽了全力，还是没能扭转局面，我的家庭又步入了噩梦般的举债度日的生活，即便到那般田地，所有问题还是他一个人扛，不允许我操心着急，日子虽然艰难，但还是有盼头的。

祸不单行呀，我37岁那年，清扬因终年劳心劳力，病倒了，是不治之症，身体状况迅速恶化，丧失了劳动力，每天只能卧床养病，说白了也就是等死。清扬倒下了，我也彻底垮了，生活变得一团糟，我很清楚自己要担起家庭生活的重担，但我没这个能力。我每天都感觉手足无措，害怕、焦躁、心慌气短，很容易发脾气，也知道不能在老公面前发火，要好好对待他，好好宠他，让他平静走完最后这一程，但我就是控制不住自己的情绪。我总发脾气，清扬哪能受得了呀，有一次他企图自杀，被我救下了，当时我真的急了，就跟他摊牌了——如果他要是自杀死了，我也会自杀的，到那时苦的可是孩子了。清扬被我镇住了，不管再怎么受罪，他再也没有了自杀的念头和举动了。

家庭成这样，坤上学也没心思了，这怪不得孩子。这孩子好像丝毫没有继承他爸的优良品质，被他爸给宠坏了，什么都不会干，开始还关心爸爸的病情，听说爸爸的病不可能好起来以后，居然开始抱怨这抱怨那，整天靠上网打游戏过活，没有网络了之后，就玩单机游戏，在我看来无聊透顶的东西，他却乐此不疲，像个活死人似的，精神颓废，生活邋遢如猪狗，情感冷漠如禽兽，居然说"爸爸的病让我低人一等"这样混账的话。

你很难想象在现代的都市中还生活着像我儿子这样的人——一年都洗不了几回澡，他一个人把整个屋子都熏得又酸又臭的，好像有两三年都没有刷过牙了，又糟又乱的长发都齐肩了，整天把自己关在自己的卧室里，我印象中他至少有三年多没有在白天出过家门了。现在孩子的脸都是青铜色的，像个古代人。我们已经很久没有说过话了，我不知道这个孩子到底还会不会说话，前几年争吵得太多，心都伤透了，他在心里烦我，我对他也没有以前那么亲了，也不知道该和他说什么，也就不说了。二十多岁的一大小伙子，除了长了个人形，所过的生活与猪无异，甚至比猪还邋遢，该说的话我也都跟他说了，该吵的嘴也吵了，该打的架也打了，该找的人也找了，但他就是这个样子，烂泥扶不上墙，真是哭天天不应，叫地地不灵呀！我又没有资格说放弃，毕竟他是我生养的，我有责任呀，如果给社会带来个"垃圾人"，我就是一个罪人，到了阴间也不得安宁的。

这几年，我有点迷信因果循环了——过去，我的命运是因为家庭变故而改变的；现在，我儿子的命运也像我一样，这好像是无法摆脱的魔咒一样，有时我真的想放弃了，但我不能养一个社会的"包袱"呀，所以，我还是千方百计地找途径救他。这几年，我电话真的是没少打，到处求爷爷告奶奶的，包括×××专家、×××专家、×××专家、×××教授等等我都求助过，最终都没了下文。

我总是徘徊在绝望的边缘，但"清扬对我的好"时常把我往希望的方向拉，虽然，他的生命日趋微弱，但他是我最强大的精神支柱，是他在继续给我力量，所以，我才有心思活下来，才有机会给您打电话，才有心劲熬了十几个夜晚给您写这封信。

我拿出一个新笔记本，在封面上工工整整写上"与黄××女士沟通记录本"几个大字，时间定格在2007年8月21日。

15:00，我拨通了黄女士的手机。

"黄女士，您好，我是刘光应。"

"信收到了吗？"黄女士充满期待。

收到了，写得很好，我对您家的情况比较了解了。

"我的孩子还有救吗？"黄女士言语中透着焦急，夹杂着期待。

"当然有救了，但只有大家齐心协力才能帮助他走出目前的困境。"

"怎么帮？"

我们首先要弄清楚一个基本的事实——'你们家的孩子遇到了成长挫折'，您怎么理解'你们家的孩子'这句话呢？

"这不是废话吗？要是别人家的孩子我犯得着打电话求你吗？"黄女士恢复了火药桶本色。

"您到底是怎么理解'你们家的孩子'这句话的呢？"我的情绪丝毫没受影响，语气异常平和，但传递出丝毫不打折扣的坚持。

是，是我们家的孩子，让你见笑了，和你屁点关系没有，你还嫌我不够心烦是吧，火上浇油是吧？

孩子的"现状"是黄女士血淋淋的伤口，显然，黄女士误把我的话语当"咸盐"了，才如此的火光大作。

"是的，孩子的挫折和我半点关系也没有，是与你们家庭环境息息相关的，你的理解是正确的，能说得再详细点吗？"我如此简简单单的一句回话，却蕴含着巨大的能量——以"玉帛"化解了她的"干戈"。

★★ ★★ ★★ ★★ ★★

"刀"言"箭"语，唯"大爱"方能将其化为"绕指柔"；"恶"情"劣"绪，唯"诚意"才可使其转为"艳阳天"，把"悲剧"添上"喜剧"的"足"是我们成才教育者的重要修炼之一——正如我在"和你半点的屁关系也没有"的黄氏"悲剧"上添上了"是的，孩子的挫折和我半点关系也没有，是与你们家庭环境息息相关的，你的理解是正确的"的刘氏"喜剧"的"足"，这种"阴"、"阳"转化像打太极拳一样，至高境界为形、气、意、神趋于圆融一体。

★★ ★★ ★★ ★★ ★★

"既然你都知道我的家庭情况了，直接告诉我该怎么做不就行了嘛，干吗总卖关子呢？"黄女士的气消了不少。

"您觉得现在该怎么教育您的孩子呢？"是时候该这样问了，我怎能放过这个让黄女士对自家问题进行反省、探索与思变的大好时机呢？

★★ ★★ ★★ ★★ ★★

上述的两问是相当"传神"的：

其一，当黄女士从一个"大火山"变为"小火山"的时候，说明对她情绪所施加的影响已取得了阶段性的成功，可以引导她对自家的问题进行探索了。

其二，黄女士在这个领域已"阅人无数"，她的"心理强势"是有所"把持"的，她急于通过"试题"来测试我这汪水里有没有真龙，有则紧抓不放，反之则"拿枪扫荡"。她急于求成与"居高临下"的心态，是我们开展工作的巨大障碍，把问题的焦点投射在她身上是解决该问题的最佳方式。

其三，这句话反映出黄女士在思想上还是倾向于把解决家庭问题的大权交给"外人"的——一个巨大的误区，这是她挖的一个陷阱——给她自己的，也是给我们的，一旦我们接下这个"权杖"，也就意味着失败一半了。

其四，面对"女皇"式的求助者，我们再铿锵的金玉良言都会在其铜墙铁壁般的心理防线面前灰飞烟灭，人微言轻嘛，在"人不微"之前最好是像葛朗台看护金子一样看护好我们的"金科玉律"。

其五，通过对具体问题的探讨来转变一个人的观点，是更容易达到目的的，就事论事，可以减少对方的防御，也可取得额外的收获。

其六，传递一个强烈的信号，我是来协助你解决问题的，你是主角，我是配角，你休想撂挑子。

其七，我不是个情绪化的人，也不是个轻言放弃的人，更不是个浮皮潦草的人，我都能这样，那你呢？

★★ ★★ ★★ ★★ ★★

"我不知道呀，如果我知道不就不问你了吗？"

★★ ★★ ★★ ★★ ★★

虽然是黄女士的一句"牢骚语"，在我看来却是对我的"赞美诗"，因为这句话里的潜台词是——"我比她强"、"她需要请教我"——这黄金般的思维方式就是向善性。

向善性是对我们工作思维"质"的要求，唯有如此，才能在唠"山"叨"海"的言语与"垃"汪"圾"洋的情绪中辟出一条生路。这句话的出现意味着我又向"人不微"的方向迈进了一大步。

★★ ★★ ★★ ★★ ★★

"这个问题需要我们共同去探讨。既然，你也认为孩子的成长挫折有家庭环境的因素，而你又是这个家庭极其重要的一员，你对孩子有哪些积极的影响呢？"

☆ ☆ ☆ ☆ ☆ ☆ ☆ ☆ ☆ ☆

以务实的"工作推进"＋"向善性"来化解对方的"恶劣情绪"、"苛责言语"与"推诿行为"，可以赢得其基本的尊重。

☆ ☆ ☆ ☆ ☆ ☆ ☆ ☆ ☆ ☆

"我头整天都是蒙的，哪有什么积极影响给他呀？"黄女士有气无力的，言语中了无火药味。

"在孩子16岁之前，您的生活还是很幸福的呀，那时候孩子也挺乖的吧，这里有你的功劳，认真回忆一下，和我说说吧？"我的语气中携带着轻松愉快，像是期盼聆听一个得了冠军的人讲获奖感言。

"哎，我的好日子算是过到头了，不提那时候啦，没用的，没用的！"黄女士的口气松快了许多。

"您那时候带给孩子快乐的方法，现在还是管用的，您好好想想，我很想知道的。"我把谈话的节奏降了下来。

足足3分钟以后。

"那时候，一切都是顺利的，好像没什么烦心事儿，日子一天比一天好，没有什么压力，每天就知道咧嘴笑，也没有怎么管孩子，他也挺听话的，好事扎堆。唉，自从他爸得病，什么事儿都不顺了，真是祸不单行呀，我怎么就这么个命呀！"这几年的生活把黄女士折磨得够呛，这不，前面的话语还阳光普照，后面就大雨滂沱了。

"那时候，您幸福吗？"我是"旱魃"——我的世界里没有绵绵阴雨，我要用热情的艳阳蒸发掉淤积在黄女士胸中的滔滔苦水。

当然啦！不过，都过去了。

那时孩子幸福吗？

那是自然。他一个毛头孩子，心不操，急不着，我们对他又是有求必应，能不幸福吗？

"啧啧，黄女士，听了您的话很受启发呀！您想想，那时候您每天咧嘴笑，孩子便挺好的，好事也扎堆，这算不算是您的功劳呢？"

那是他爸的功劳，他为了这个家每天累死累活的，我怎么忍心还给他脸色看呢，我也不是那么贪心的女人呀！

如果那时您每天都皱着眉头，孩子还会感到幸福吗？

我还没傻到那种程度吧，有好日子过，我干吗还皱着眉头呢？

在我们身边有太多的人生在福中不知福，日子比七八十年代好过多了，反倒每天还忧心忡忡的。能对好日子咧嘴笑，这是一种豁达的生活态度，是您很可贵的品质呀！现在能理解我的意思了吗？

"差不多吧。"黄女士还挺谦虚的。

"正是您的善解人意促进了家庭的幸福，您觉得有道理吗？"

"那时也没有想这么多，就知道让他们父子俩过得舒心些，别的我也做不来的。"黄女士已经完全放松了。

在孩子16岁之前，您已经用实际行动证明了您是一个能够给孩子带来快乐与幸福的母亲，同时，也是一位合格的妻子，您有这个能力，我真的替您感到高兴。

电话沟通就像演话剧一样，要一幕一幕的进行，幕幕都要突出主题，刚才这一幕的主题就叫"生活中并不缺少美"。

"但我现在还是不知道怎么做呀？"同样是着急的话语，但语气中已然散发着浓浓的探讨呀、商量呀、沟通呀、请教呀等等芬芳的气息。

"呵呵，其实刚才我们已经把答案分析出来了，还是您告诉我吧？"

许久的沉默。

"还让我傻笑，你觉得靠谱吗？"黄女士幽怨地反问我。

是咧嘴笑，不是傻笑。我从来都觉得笑是这个世界最具魅力的表情，在我的概念里没有傻笑这个词，发明这个词的人是真真正正的傻子。的确，咧嘴笑不是一件容易的事，要做到，需要具备四个条件：其一，需要一种豁达的生活态度；其二，需要有一颗想要追求幸福的闪闪红心；其三，要有"给点阳光就灿烂"的良好心境；其四，为家庭幸福负责的使命感。恭喜你，黄女士，这四点你统统都具备。既然都具备，你能告诉我为什么现在你不会咧嘴笑了呢？

★★ ★★ ★★ ★★ ★★

黄女士已经能够静下心来听我讲话了，所以，我趁机把战果扩大，其实，您早就看出来了吧——以上那四条是我为黄女士量身打造的。

★★ ★★ ★★ ★★ ★★

今非昔比呀，那时他爸还好好的，但现在一切都变了，好日子过到头了！

的确，生活中有太多的事是我们左右不了的。"恶事"会陡降我们的头上，如自然灾害，意外事故，身体疾病，家庭变故等等，会把我们打得晕头转向甚至心如死灰，但狂风暴雨过后，天边也会升腾起美丽的彩虹。在我要上高三的那一年，我父亲因病不在了，这对"娇生惯养"的我来说犹如晴天霹雳，整整有半年的时间我都有如"行尸走肉"。我的改变是从一首歌开始的。当年大街小巷都在传唱赵传的《我是一只小小鸟》——"我怀疑是不是只有我的明天没有变得更好，未来会怎样究竟有谁会知道，幸福是否只是一种传说，我永远都找不到……"。每次听到这首歌，我都会被那高亢、沙哑的嗓音及痛入骨髓的字句感动得痛哭流涕。经过一番寒彻骨，我寻觅到了温暖的怀抱——母爱、手足之爱、师长之爱、亲朋好友之爱等等，从此，我的生活又充满了欢声笑语。其实，我是想告诉你，黄女士，你是个很幸福的女人，在你过去的43年里，至少有0—13岁与17—37岁这34年是极其幸福的，也就是说你生活中79%以上的时间是幸福的，这是一个很高的分数了，连我都羡慕你呀！古话说：人生不如意之事，十之八九。照这个理儿，你比一般人的幸福多五六倍呢？

呵呵，哪有这样算的道理呀。那都是过去的事啰，现在一切都变了。

★★　★★　★★　★★　★★

黄女士居然"呵呵"了，她这只小小鸟也在开始"寻寻觅觅寻寻觅觅一个温暖的怀抱"，我对她的要求可以开始提高了。

★★　★★　★★　★★　★★

"但最最重要的东西没有变，您能告诉我吗？"我开始进行家庭情感的聚焦。

★★　★★　★★　★★　★★

在此刻，具体化的问话技术就像寒冬里的蜡梅——透着骨子的香；向善性的思维习惯就像沙漠里的一汪清泉——泛着生命的波光，这两种神器配合使用，往往能达到起死回生的奇效。

★★　★★　★★　★★　★★

我现在头脑不好使了呀，你快告诉我吧。

"清扬对你的情感丝毫没有变。"说完这句话，我沉默了。

黄女士在等我继续讲，而我在等她的反馈，我是故意把节奏降下来的。

"噢，噢，这倒是。"可能是黄女士忍受不了这种长时间的沉默，给我一个"慌乱"的回应。

清扬对孩子的情感丝毫没有变。

是的。

清扬对这个家的爱丝毫没有变。

是的。

清扬忍受着巨大的病痛，拖着生不如死的病体，是什么让他苦苦支撑着生命这盏灯的光亮呢？

"我懂，我懂的，是我不让他死的，不让他死呀，他答应过我的，呜呜呜……"黄女士的情感决堤了。

雨过天晴。

清扬用痛苦的支撑想换来什么呢？

他是想让我们过得好一些呀。

"他的目的达到了吗？"

黄女士长久的沉默。

"没有。"黄女士轻声的叹息。

我听出了她叹息声之外的"愧疚"。

长久的沉默。

"你们怎么才能过得更好呢？"我关切的。

不知道。

清扬宠爱你21年，也让你幸福了21年，让儿子幸福了16年，在他的带领下，这个家庭幸福了这么多年，现在他最希望你做什么呀？

"希望我带着家庭继续幸福下去。"黄女士给了我想要的答案。

是的，一定是这样。那你该怎么去做呢？

不知道。

清扬用行动告诉你了，你觉得呢？

"我什么都不会，我没有生存的本领，我不会挣钱，我没有本事呀，我对不起他呀，对不起孩子呀，呜呜呜……"我确信黄女士完全明白了我的意思。

等待雨过天晴，消磨了很多时光。

"你不是什么都不会的。"我很肯定地说。

我真的是什么都不会，原来我都不用干活的，真的，真的！

你会扫地吗？

那还能不会吗？！

会刷盘洗碗吗？

这谁不会呀！

"这就行了嘛！这些本领就足以让你们的家庭继续幸福下去啦！"我异常兴奋——像哥伦布发现了新大陆一样！

你居然让我去给人扫地刷盘洗碗？

我觉得清扬也是这样想的，他肯定是一直期待着你这么做。自食其力，凭劳动养家，这很高尚。你能这样做，他就安心了，过去他不也是这样做的嘛，只是工作的性质与内容不同而已。

★★ ★★ ★★ ★★ ★★

此刻，我多想吟诵舒婷的《致橡树》给黄女士听呀，可惜呀，只有小学文化底蕴的她会如坠五里云烟的，会笑话我"迂腐"的。

★★ ★★ ★★ ★★ ★★

又是一段长长的沉默。

打破沉默的人是我。

黄女士，今天我们已经交流很多了，在我们通话时，有很多电话进来，但我把您的事儿放在了第一位。现在，您也好好想一想刚才的问题，明天下午两点我再给您电话，好吗？

次日14:00，我准时拨通了黄女士的电话。

刘老师，真的是你呀？！

是我，您情绪好多了，真为您感到高兴！

呵呵，刘老师，给您添麻烦了哦。

别这么客气嘛，您这样说话我反倒有点不适应呢。再说了，与一位负责任的、有担当的母亲交流，对我也是一种教育。

我，负责任？我，有担当？您没有说笑吧？

是的，你是负责任的，是有担当的。这么苦、这么难您都坚持下来了，还千方百计帮孩子寻求更广阔的发展路径，这样的母亲能不堪称伟大吗？

我没您说得那么好，这或许就是人活着该遭的罪吧。

只要想得对，做起来就容易了，好日子就会回来找我们的。您想清楚要怎么去做了吧？

哼，不就是给人当下人，当老妈子嘛，没什么大不了的，反正这么多年也没人把我当人看了，呜呜呜……

☆☆　☆☆　☆☆　☆☆　☆☆

六月天，小孩脸，说变就变呀，不用做预备的。

真理孕育在平凡之中。

在外人看来简单得不能再简单的道理，对当局者来说可能就难若蹬天梯一般。

真理这张薄薄的窗户纸，是被悬挂在高空之上的，要捅破它，对于身处那个高度的人来说易如反掌，对于没有攀登到那个高度的人来讲难于上青天。真理面前，是"易如反掌"还是"难于上青天"，取决于你与每一个具体"窗户纸"的相对高度，在高位时，不要趾高气扬，目中无人；在低位时，也不必垂头丧气，怨天尤人。

工作中，切忌以我们之"易如反掌"去"度"当局者之"难于上青天"。本案例即是这样，如此简单的一个道理——鼓励黄女士正视现实，勇于担当，找份力所能及的工作，照顾好老公，引导好孩子，为什么黄女士就参不透呢？就算黄女士本人不明白，她所咨询的"狗屁专家×××"、"混账教授×××"等也一定能够一眼看穿的，最不济就算黄女士真的被他们给"忽悠"了——在我看来这种可能性小得几乎可以忽略不计，与她朝夕相处的、曾经勇闯天涯饱经风霜的清扬是完全有能力捅破这层窗户纸的，但现实是这层窗户纸至今安好！此刻，借用中国电视纪录片里程碑人物之一陈虻先生的一句话是再合适不过了——"我常说，当你想出一个主意的时候，你要相信在这个世界上，至少有20个人同时想到了，因为个人的所谓灵感，是社会存在在人的大脑中的一种反映，因此，这种存在能让你想到，就也能让别人想到"。

想到的环节不是最难的，难的是把想到的事儿让黄女士悟到并进而做到。

其实，我真心感谢黄女士口中的"狗屁专家×××"、"混账教授×××"等人，我并不比他们高明，只是，他们把工作的重点放在"教导"黄女士捅"窗户纸"，而我在默默地提升黄女士的高度。

☆☆　☆☆　☆☆　☆☆　☆☆

我对待"呜呜呜……"的惯用"伎俩"是耐心等待雨过天晴。

"黄女士，恭喜恭喜哦！您能做如此选择，我真的为您感到高兴，为您爱人感到高兴，为您孩子感到高兴！这是一个伟大母亲充满智慧的选择，您的家庭将迈入由您领军的幸福新时代，您准备怎么庆祝一下呢？"此刻，乘胜追击是上策。

或许，黄女士是被我的话给整蒙了，半天她才缓过劲来："惨成这样，哪还有心思庆祝呀？想的容易，做的难呀！"

其实，做比想容易多了，您能这么想就一定能这么去做。过去您从来没有真正这样想过，所以，就一直没有去做，是这样吗？

唉，可能吧。

我挺佩服您的执行力的，超强呀！刚开始，我请您写一下孩子的成长状况，您还和我谦虚，这不，您一出手就创造了个记录，那63页的信是我收到的最长的一封信了。现在，您想去工作了，也一定能够做得很好的。目前，很多饭店、宾馆等单位都需要大量的保洁人员，这就是您的机会，您觉得呢？

您又笑话我，就我那歪歪扭扭的字，呵呵，幸亏您能看得懂。不管什么执行力啦，唉，也只能这样做了。您就告诉我怎么找工作吧？

☆☆　☆☆　☆☆　☆☆　☆☆

从黄女士的这句话中，我们可以整理出如下重要信息：

1. 黄女士已经接受了我对她——"超强执行力"、"想去工作了，也一定能够做得很好的"——的认可；

2．黄女士已经完成了从"想的阶段——想去工作"到"做的阶段——着手去找工作"的过渡；

3．黄女士已经接受了从保洁员做起的工作建议；

4．黄女士已经对我有了足够的认可与信任；

5．黄女生一口气表达了这么多的信息，说明她现在的思路是清晰的，不是在赌气，不是在抱怨，而是实实在在的认识到要去工作了。

☆☆ ☆☆ ☆☆ ☆☆ ☆☆

这个问题您算是问着了，我大学学的是人力资源管理专业，在找工作方面，可以给您一些专业性的意见与建议，这算是个惊喜吧？

嗯。

明天一大早，您就梳妆整洁、精精神神的挨个饭店、宾馆的去找工作，就应聘保洁员，一般的饭店、宾馆都急缺这方面的员工，您就坚定一个信念——找不到工作就不回家。应聘上了就立即上班，这个工种的工资是比较透明的，您不用太关注工资的问题，哪个老板也不会把保洁员的工资压低得离谱的。只要您有这个劲头，一切都不是问题，祝您好运！

"谢谢您！刘老师，我一定不会让您失望的，等我好消息吧！"语气中传递着很多味儿——感恩的味儿，自信的味儿，喜悦的味儿，期待的味儿！

"每天不管忙得再晚，都给我来个电话吧？得知您顺利，我才会更踏实。"这就是"扶上马，送一程"，这个阶段，这么做是必须的。

☆☆ ☆☆ ☆☆ ☆☆ ☆☆

说和做之间永远隔着一条河，对不同的人，不同的事，构成了对这条河深度与宽度认知的多种组合。

☆☆ ☆☆ ☆☆ ☆☆ ☆☆

谢谢您，刘老师，谢谢！给您添了这么多麻烦！

★★ ★★ ★★ ★★ ★★

我始终强调——"你们家的孩子"中的"你",而不去动"孩子"一根毫毛,为什么这么做呢?

其一,本例中,黄女士才是求助者,弃"求助者"而言"他",纯系舍本逐末之举,再说了,黄女士才是这个家庭中最可能释放生产力的人;

其二,黄女士所面临的问题很多,但最紧要的是"吃饭问题";

其三,孩子成长挫折是表象,家庭环境、家庭教育与亲子关系是内核,而黄女士又是这个家庭环境构成的关键因素;

其四,黄女士本身就是一个还没有长大的"孩子",给她"支招"去教育一个在家宅了四、五年的孩子,几无胜算,而且,还会极大的干扰黄女士对自身问题的探索与修正;

其五,改变一个主动寻求改变的人尚且不易,更何况要改变一个毫意愿的人呢;

其六,相对于改变别人来说,改变自己更容易一些,以黄女士为突破口更容易出成果,也更有利于把工作向纵深推进。

智慧的猫并不是满世界跑着追赶老鼠的,而是懂得静静地在洞口守候,即使亲眼看见老鼠钻进了洞里,它也不会直接去刨老鼠洞——至少我没有听说过,这很值得我们借鉴。

我们的队伍中充斥着大量的"直接刨洞抓老鼠的猫",这是非常愚笨的做法,害人害己,具体表现为:

(1)直抒胸臆。发现问题立即就要说出来,生怕说晚了别人误以为他没水准,浑然不管别人有没有接受的基础;

(2)扣帽子。动不动就说"这是谁谁谁的责任","这是典型的什么什么症",显得很专业的样子,专业术语堆成山,好像若不如此就不足以令人信服;

(3)下猛药。他们惯用的句式是"孩子若要怎样怎样,你就怎样怎样，不管他怎么反应，你就这样做，贵在坚持，保证奏效"，还会"揣掇"几个"成功"案例，以加强说服效果；

（4）推责任。如若您反应效果不好，他们就会说您执行不到位，接着就继续给您下更猛的药。近十年来，我接待过为数不少的深受这些"害群之猫"伤害的家长及孩子。

怎样改变这一现状呢？我们到底该怎么做呢？

经过多年的探索及实践我们认为：要想做好家庭和谐建设VS成才教育工作，必须用心经营好以下四个认可。

☆☆ ☆☆ ☆☆ ☆☆ ☆☆

四个认可

认可是一切教育起作用的前提条件，对于我们这个领域的工作人员来说，经营认可的思维应该贯穿工作的始终。四个认可分别是**性格认可、行为方式认可、人格认可及引导认可**。

• 性格认可

在讲解性格认可之前，我们先全面了解一下有关"性格"的相关知识。

性格是一个人在对现实的稳定的态度和习惯化了的行为方式中表现出来的人格特征。

态度是一个人对人、物或思想观念的一种反倾向性，它是在后天生活中习得的，由认知、情感和行为倾向性三个因素组成。一个人对现实的态度，表现在他在生活中追求什么、拒绝什么，即表现在他都做了些什么上面，而一个人怎样去做则表明了他的行为方式。一个人对现实稳定的态度决定了他的行为方式，而习惯化了的行为方式又体现了他对现实的态度。

性格是在社会生活实践中逐渐形成的，一经形成便比较稳定，它会在不同的时间和不同的地点表现出来。性格的稳定性并不是说它是一成不变的，而是可塑的。性格在一个人的生活中形成后，生活环境的重大变化一定会带来他性格特征的显著变化。

性格不同于气质，它受社会历史文化的影响，有明显的社会道德评价的意义，直接反映了一个人的道德风貌。所以，气质更多地体现了人格的生物属性，性格则更多地体现了人格的社会属性，个体之间的人格差异的核心是性格的差异。

从组成性格的各个方面来分析，可以把性格分解为态度特征、意志特征、情绪特征和理智特征四个组成部分。

1．性格的态度特征

性格的态度特征指的是，一个人如何处理社会各方面关系的性格特征，即他对社会、对集体、对工作、对劳动、对他人以及对自己的态度的性格特征。

性格的态度特征的好的表现是忠于祖国、热爱集体、关心他人、乐于助人、大公无私、正直、诚恳、文明、礼貌、勤劳、节俭、认真、负责、谦虚、谨慎等；不好的表现是没有民族气节、对集体和他人漠不关心、自私自利、损人利己、奸诈、狡猾、蛮横、粗暴、懒惰、挥霍、敷衍了事、不负责任、狂妄自大等。

性格的态度特征的各个方面是相互关联，有机地结合为一个整体的。一个人大公无私，他一定为政清廉，对工作认真负责；一个人自私自利，甚至损人利己，他一定奸诈、狡猾、不热爱集体，对他人漠不关心，对工作不负责任。不可能在一个人身上表现得既大公无私，又损人利己；既谦虚、谨慎，又狂妄自大。

2．性格的意志特征

性格的意志特征指的是，一个人对自己的行为自觉地进行调节的特征，其可以从意志品质的四个方面，即意志的自觉性、果断性、坚韧性和自制性上来考察。

良好的意志特征是有远大理想、行动有计划、独立自主、不受别人左右、果断、勇敢、坚韧不拔、有毅力、自制力强等；不良的意志特征是鼠目寸光、盲目性强、随大流、易受暗示、优柔寡断、虎头蛇尾、放任自流或固执己见、怯懦、任性等。

3．性格的情绪特征

性格的情绪特征指的是，一个人的情绪对他的活动的影响，以及他对自己情绪的控制能力。

良好的情绪特征是情绪稳定，善于控制自己的情绪，常常处于积极、乐观的心境状态；不良的情绪特征是事无大小都容易引起情绪反应，而且情绪对身体、工作和生活的影响较大，意志对情绪的控制能力比较薄弱，情绪波动，心境容易消极、悲观。

4．性格的理智特征

性格的理智特征指的是，一个人在认知活动中的性格特征，主要表现在如下三个方面：

（1）认知活动中的独立性和依存性：独立性者能够根据任务和自己的兴趣主动地进行观察，善于独立思考；依存性者则容易受到无关因素的干扰，愿意借用现成的答案。

（2）想象中的现实性：有的人现实感强，有的人则富于幻想。

（3）思维活动的精确性：有的人能深思熟虑，看问题全面；有的人则缺乏己见，人云亦云或钻牛角尖等。

以上四个方面称作性格的静态结构，这几个方面并不是相互分离的，而是彼此关联、相互制约，有机地组成一个整体的。一般来说，性格的态度特征是性格的核心，对社会、对集体的态度又是最为重要的态度。因为态度直接表现了一个人对事物所特有的、比较恒常的倾向，它也决定了性格的其他特征。[①]

---

① 以上内容摘自民族出版社《国家职业资格培训教程·心理咨询师（基础知识）》

☆☆ ☆☆ ☆☆ ☆☆ ☆☆

性格认可首先表现为我们对"准求助者"①和求助者性格的认可，我们要及时、准确地对他们所表现出来的好的性格态度特征、性格意志特征、性格情绪特征、性格理性特征等给予恰如其分的认可；其次，我们要格外注重自己的一言一行，务以好的性格特征赢得他们的认可；第三，在条件成熟的时候，以其乐于接受的方式实施对其的性格影响。

☆☆ ☆☆ ☆☆ ☆☆ ☆☆

• 行为方式的认可

行重于言的道理是浅显的，有关这方面的典故多如牛毛，不再赘述。

行为方式的认可是建立在性格认可基础上的，没有性格认可就没有进一步行为接触的机会，也就谈不上行为方式认可的问题了。要经营好行为方式的认可，必须做好如下几点：

1．理解与包容

主要是我们对准求助者的理解与包容，工作中所接触的准求助者有：

（1）令家人不堪忍受的宅男宅女；

（2）辍学的大、中、小学生；

（3）父母关系严重失和或单亲或亲子关系恶劣等因素影响下的父母眼中的

---

① 在本书中所指"准求助者"一般具备以下特点：

A．本人没有求助意愿；

B．对心理咨询、家庭教育、成才教育等"第三方教育"心存抵触，并觉得自己的成长状态无须调整，根本不需要别人帮助；

C．与家人（父母或妻子或其他亲人）的关系恶劣，我行我素，且家人通过学习也不具备引领其走出困境的能力；

D．生活自理能力很差，学习或工作状态都很消极，甚至是已经辍学或被单位开除而长时间宅在家里的人；

E．我们通过"去第三方教育"的某个身份与其接触，过程中，其给予我们高度的性格认可、行为方式认可与人格认可，并意识到了其成长状态的问题，且经常主动和我们谈起其成长困惑（当其就成长中的困惑向我们求助的时候，说明已经完成对我们的引导认可了，他也就事实的"晋升"为求助者了）。

"问题孩子"；

（4）特殊的人或特殊事件或天生缺陷所造成的人际关系障碍的；

（5）严重自我封闭的；

（6）过度沉迷于电脑网络的；

（7）有人格障碍的；

（8）存心啃老的；

（9）被父母所请的各种"专家"、"教授"轮番教导而疲沓得"滴水不进"者等等。

由于成长状态的异常，他们大都存在着严重的自卑心理，对于"陌生人"的"闯入"保持着神经高度紧张的警戒，我们的热情往往会受到"剃头挑子——一头热"的待遇，对此，我们要特别注意把握行为的分寸——过于热情就会让准求助者觉得我们是在刻意讨好他，会让其感觉到"事出有异，必定有妖"，就会对我们产生防御心理，我们所做的任何努力都很难再入他心；过于冷漠就很可能与准求助者产生心理距离，还可能丧失继续接触的机会；唯有以符合准求助者"现阶段"情感接受为标准而酝酿的热情才是有可能被他们接受的，有接受，才可能将工作引向纵深。

2．要具备爱的要素

没有无缘无故的爱，也没有无缘无故的恨。

爱的产生必须要有其根源。

这个根源是什么呢？

是父母的爱。

正是因为与父母之间的"爱"出了"故障"，准求助者才在现实生活中"磕磕碰碰的"。

我们只有握住爱的根源，才可能将爱扎根于准求助者的心田。

要在准求助者心灵的荒漠中找寻亲子之爱的"甘泉"，实在是件费力不讨好的事情，更何况要是"采取"不当还会引起其心灵更严重的荒漠化。

那么如何"采取"才是恰当的呢？

首先，要让准求助者明白不管他愿意不愿意承认，甘泉就在那里，不增不减，不舍不弃。

其次，要协助准求助者认识到，唯有甘泉才可以滋养其严重荒漠化的心田，甘泉盈而万物生。

我为什么要相信"甘泉"呢？为何过去"甘泉"没有起作用呢？

原因就在于爱的表达方式存在偏差。

第三，甘泉与心田共生共荣。我们一定要深刻理解亲子之爱"共生共荣"的内涵，虽然，亲子之爱暂时"摔了一跤"，但骨头折了连着筋，我们不得耍"否认或忽视共生事实"的小伎俩来换取准求助者情感上的共鸣，虽然这样做很"讨巧"，但决不可不为！共荣，即是：他好，我也好；他不好，我也不好。

我们必须要向准求助者强调的是：我们之所以与你产生关联，根源在你父母，因此，你们亲子之爱是因、是根、在先、更大等等，任何企图混淆这种关系的举动都是搬起石头砸自己的脚蠢行。

3．要有快乐体验

能不能让准求助者在与我们的接触中产生快乐体验，取决于以下因素：

（1）准求助者所感知到我们与其相对的心理位置。

平等、尊重、理解与包容的相对心理位置，能够增加准求助者的参与度，也会促使其以更加开放的心态接纳新的内容、新的人——自己与他人、新的事物、新的观念。

（2）我们对准求助者的了解程度。

只有对准求助者了如指掌，我们所安排的活动内容才能激活他们的需求神经。

（3）活动中彰显精神力量。

4．要有精神力量

真正的快乐其中都奔涌着"有意义"的甘露，这个"有意义"略等于"精神力量"，可以从四个方面去解析：

（1）彰显人性的美好。

（2）散发品格的光辉。

据美国学者N.Anderson研究，受喜爱程度最高的六个人格品质是：真诚、诚实、理解、忠诚、真实、可信。

（3）体现追求人生幸福的态度。

（4）充满爱的芬芳。

● 人格认可

从心理学角度讲，人格是各种心理特征的总和。是各种心理特征的一个相对稳定的组织结构，在不同的时间和不同的地点，它都影响着一个人的思想、情感和行为，使他具有区别于他人的、独特的心理品质[①]。

人格认可包括两个方面，首先表现为我们对准求助者的认可。

试想，如果我们也戴着有色眼镜去看他们，也觉得他们浑身上下都是毛病，也觉得他们是"问题群体"，我们的心灵就不可能与其找到相容相通的共生空间，我们的工作亦会步入善止恶始之境；其次，是准求助者对我们的人格认可。在我看来，存在–人本主义心理学在咨询心理学中的应用，其实质就是心理咨询师在对求助者有意识的经营人格认可。

为表达我对经营人格认可的重视，特写了一首诗，名曰《人格之美》。

人格之美

（一）

一束暖阳

那是人格的光辉

灰暗的生灵

向更深的黑处避退

它们的巢穴

被染上温热的美

---

① 摘自民族出版社《国家职业资格培训教程·心理咨询师（基础知识）》

引得勤劳与汗水争相入赘

花繁

绿翠

延展得硕果累累

（二）

深沉的阴霾

肆意的颓废

被幸福与感动的热泪

涤净了恶的原罪

留下无害的躯壳

溢满上善若水

滋润了荒漠

成就了牛儿壮鱼儿肥

原来

生命的轮回

心田的蓓蕾

恰是爱的恩惠

人格认可就像跑马拉松，有一个艰辛的过程。

每个人都有自己独特的心理特点，我们必须认识到人格的这种独特性，不可强求准求助者与我们的人格保持一致。

人格是不能直接被观察到的，但却表现在行为之中，一个人的行为总会打上其人格的烙印，人的各种行为所表现出来的特征是一个整体，体现其独特的精神风貌，且具有稳定性的特点。所以，经营人格认可必须做好以下工作：

一、充分了解准求助者的遗传素质；

二、分析准求助者的发育成长环境；

三、根据准求助者的气质类型，采取合适的相处方式；

四、尽可能为准求助者提供有利于其成长的平台；

五、及时准确的发现准求助者人格中真、善、美的因素，并鼓励其予以加强；

• 引导认可

经营引导认可是个技术活，我们只有完全掌握引导认可的系统技术，才可以展开这方面的工作，否则，我们的工作将陷入"南辕北辙"之尴尬境地。那么，怎么掌握这项系统技术呢？

一、全面认识所要引导的人

1. 分析所要引导的人的实力状况

A. 智力水平

B. 学习能力

C. 知识积累（所学知识的社会性评价意义；与同龄人的比较）

D. 特殊技能（特殊技能的社会性评价意义；与同龄人的比较）

E. 人生阅历（自然视野、人际关系视野、职业视野、资源视野与人文视野）

F. 社会适应能力（特别强调人际交往能力与工作能力等）

2. 心理因素？

A. 从个人心理发育史资料入手，查看其认知能力和成长中有无错误观念产生

B. 查看求助者对现实问题有无误解或错误评价

C. 分析求助者内心世界中有无新、旧观念冲突或对人、对事的持久偏见事例

D. 寻找求助者的记忆中有无持久的负性情绪记忆

E. 分析求助者的思维倾向和习惯，有无反逻辑性思维和不良的归因倾向

F. 分析经验系统中存在的不利因素（老眼光）

G. 分析有无深层主观因素——价值观（人生价值观）方面的问题

H. 分析是否有心理发育停滞

3．团队归属感

团队归属感是指求助者在内心中将自己在团队中定位于何种角色，这个心中理想的角色可能与其现实中的角色存在偏差，因此，可能给其带来情绪上的困扰，我们只有真正认识到这个问题，才可能与其达到情感共鸣。

4．社会支持体系

A．社会支持系统的构成

B．求助者对其社会支持系统的主观感受

5．生理因素[①]

A．咨询或检查求助者是否有躯体疾病

B．对有躯体疾病的求助者，确定疾病与心理行为问题之间有无因果关系

C．考虑生理年龄对心理行为问题形成的影响

D．考虑性别因素对心理行为问题形成的影响。

二、对可能的引导路径进行深入分析

1．求助者可能的发展路径有哪些？如：打工、上技校、上大学、考研究生、考博士、创业、出国留学、做啃老族、做自由职业者等等。

2．对每条可能的发展路径进行深入分析

A．选择这个发展路径的理由；

B．这个发展路径与个人理想的关系；

C．这个选择能最大程度的激发自己的潜能吗；

D．这个选择与自己的兴趣、爱好、特长之间是什么样的关系；

E．这个选择所对应的行业、职业是自己想终生都心有所往的吗；

F．这个选择所带来的系统影响你都用心考量过了吗（对父母等家人的影响、对自己择偶的影响、对自己孩子的影响等等）

G．请借助以下表格认真思考"这个选择"对你未来幸福生活的意义：

---

① 以上内容参考民族出版社《国家职业资格培训教程·心理咨询师（二级）》

今后的生活时间段	该选择可能给你带来的生活描述 （备注：1. 个人价值、生活幸福感是必填项；2. 每个时段的描述均不少于100字）
1年	
2年	
3年	
4年	
5年	
6年	
7年	
8年	
9年	
10年	
15年	
20年	
25年	
30年	
35年	
40年	
40年以后	

注：此表格编号为：LGY01

需要特别说明的是这是个具有巨大魔力的表格！

在过去的10年中，有超过2000人认认真真地填写过这个表格，现实则都给他们送上了超乎想象的大礼包。

三、找出阶进的"人"与"路径"可能的最佳匹配模式

阶进时段	人（必须涉及实力起点、个人价值、生活幸福感等三个因素）	路径选择	人与路径的匹配状态（必须涉及个人理想、可持续性发展这两个因素）
初中年龄段			
高中年龄段			
大学年龄段			
研究生年龄段			
社会发展年龄段			

注：此表格编号为：LGY02

四、完成对求助者引导信息的沟通与导入

对求助者引导信息的沟通与导入的步骤、阶段及所对应的工作重点		
步骤	阶段	工作重点
1	全信息阶段	1. 我们了解求助者的全信息 2. 充分理解求助者可能选择的路径的全信息 3. 让求助者认清自己的全信息 4. 让求助者充分理解路径的全信息
2	信息聚焦阶段	在全信息中甄选出重点信息，为人与路径的匹配性分析做准备
3	人与路径匹配性分析	请求助者完成LGY02表格
4	人际导入	1. 确定求助者所选择路径的社会群体 2. 请求助者完成对该群体进行LGY01表格分析 3. 找到该群体中求助者能够深度接触的小群体（3—5个人为宜）
5	情感带入	创造求助者与该小群体进行快乐接触的机会，让他们在欢声笑语中"日久生情"
6	生活化的触摸	让求助者有机会触摸到其所选路径的生活场景，并观摩"该小群体"的应对模式，以此坚定自己"能行"的信念
7	形成向往	希望自己的生活向"该小群体"靠齐
8	形成目标	此阶段即为路径的确定阶段
9	目标实现的方式	1. 目标是什么 2. 分解目标的计划 3. 具体实施的步骤 4. 对实施过程进行控制 5. 对计划实施效果与目标之间的关系进行及时的反馈

注：此表格编号为：LGY03

五、对"引导认可"进行动态管理

阶进时段的路径选择（表格LGY02）必须有利于求助者人生目标及人生价值的实现（表格LGY01），对"引导认可"进行动态管理的任务就是使"表格LGY02"始终有利于"表格LGY01"的实现。

第二天，22:00。

"刘老师，我找到工作啦！"兴奋，激动，喜悦。

"恭喜！恭喜！"语气与心情与黄女士雷同。

黄女士找到了一个在小饭店刷碗的工作。

此后，每晚十点半我都会准时拨通黄女士的电话，这样做是希望黄女士能够把工作坚持下来。电话沟通越来越轻松，我建议黄女士每天上班早到10分钟，晚下班10分钟，她做到了；我建议她除了刷碗还利用空余时间拖地、打扫环境卫生，她做到了；我建议她不要和老板提条件，任劳任怨的工作，她也做到了。黄女士的工作得到老板极大的认可，黄女士很快乐，我开心地分享着黄女士的喜悦——她说幸福其实就是如此的简单，认认真真生活，真好！踏踏实实工作，真好！有刘老师的热心帮助，真好！

黄女士的电话中充满了欢声笑语，真好！

黄女士的电话中溢满了幸福与感动，真好！

• 感谢有你

★★ ★★ ★★ ★★ ★★

感恩的心

感谢有你

伴我一生

让我有勇气做我自己

感恩的心

感谢命运

花开花落

我一样会珍惜

——《感恩的心》部分歌词

★★ ★★ ★★ ★★ ★★

一月余，晚上十点半。

"我今天领工资了，老板还给我发了300块奖金呢！"自信，喜悦！

"我想您应该宠一下您的儿子了，给他买点他喜欢吃的卤猪耳朵吧？"我具体建议道。

"OK，没问题！"心情好的黄女士，连语言也时尚起来了。

"先坚持做一周，每次少买几块钱的，这样做就行了，什么话也别多说。"

"刘老师，我听您的，您是我们家的大恩人，我是个没用的人，没有什么报答您的，我给您寄点特产吧。"黄女士说着，我感动着，被她，也被自己。

"千万别，您听我的，不听我的，我就再也不理你了。您还很困难，您的心意我心领了。"

来自黄女士的好消息还在继续着——坤的头发剪掉了，也开始刷牙洗脸了；坤参加了社会工作——在她工作的小饭店打扫卫生，传菜，端盘；坤开口叫她妈妈了；坤心情好起来了，也和外人说话了；坤的身体也慢慢恢复了些，有人样了，吃饭也正常了；老板娘还开玩笑说想给坤介绍个女朋友，我太高兴啦……

黄女士的儿子也与我成了"金牌电话聊友"，听着他开心、幸福成长的脚步声，我心里美滋滋的。

我尝试着让黄女士阅读报纸、杂志、书籍，以提高她与坤沟通的质量，另外，也可以带动孩子阅读。我建议坤在工作之余学习一技之长，提升就业层次，以获得更好的发展机会，坤坚定地回答我说他一定会去学的。黄女士在努力，孩子在进步，我继续期待着他们的好消息。

我想对深陷家庭困圄的母亲们说：不管遇到什么，不要抱怨，不要哭泣，不要消沉，坚持做好自己，美满幸福的生活就会悄然来临……

第 二 章

那几记耳光，很响！

　　妈妈打了儿子第一次带回家的女朋友几记耳光，生活却给了妈妈更响亮的耳光！生活有时真的比电视剧还精彩……

七月的北京，太阳毒辣。

• 惆怅而感性的妈妈 & 顽劣而懵懂的儿子

瞌睡虫肆意挑拨着眼皮，鼻息也深沉起来，"人"字形仰躺在宽大松软的沙发上，我毫无防御地任凭睡意来袭，嘴角浮动着浅浅的笑意，幸福地迎接到北京八年多以来这屈指可数的美满午觉。

咚咚。

敲门声？梦境？

咚咚。

敲门声。

咚咚。

哦，来了。

我努力激活处于怠工状态的身体，打理好形象，心诚意挚的迎接访客。

"请进，挺热的吧。"我热情地招呼着两位陌生的访客。

这是一对母子。

母亲，茜，西北人，但却少有的白净。有西北人典型的宽大脸庞，大大的眼睛，瞪视时目珠四周留白，倒有几分威气，身体微胖，配以165cm左右的身高，倒是不显得臃肿。上身着冰丝藏蓝体恤，下身着浅黑棉麻宽脚休闲裤，脚蹬深黑休闲平底皮鞋，一副知性中年女性装束，庄重而不失优雅。

儿子，畅，承母亲白净之肤及面部特征，除"T"区外，整个面皮及下颌都被粗壮"胡子哥"的根部染青了。上身着油菜花黄底天蓝细格粗棉质地休闲褂，下配深灰宽大七分休闲裤，脚蹬白黄相搭名牌轻便夏款运动鞋，90公斤的体重附着在22岁小伙180cm身躯之上，再加之其佩戴的银丝细边变色近视镜，好一个青春魁伟西北汉。

"我们来了。"等大家都坐定后，茜淡淡地说。

虽只有简单的四个字，我可以断定茜是个极为聪明的人。

"我安排你们住下，先休息一会儿，我会一直在办公室里的。"我领会茜的语义——她想先与我单独聊聊的，想必她也懂我的——我会在办公室等你的。

畅休息了。

茜又叩开了我办公室的大门。她满面倦意，紧锁愁眉，眉之间唇之角堆满惆怅。

刘老师，您可要救救我这不争气的孩子呀，都22岁的人了，还像个小孩子似的。从他上初中起就没让我省心过，那时手持小游戏机比较流行，儿子整天吵嚷着要我给他买，当时没有想到这东西可能给他带来的后果，我就给他买了一个。从此，这个鬼东西就成了他的命根子，除了睡着了那一会儿不在摆弄它。孩子眼睛的近视度数也是从200度蹭蹭的升到了400度，变成了一个睁眼瞎，成绩更一落千丈，整个人还变成了火药桶，只要说他一句，他就大爆发。他爸是个老好人，活脱脱一个《大宅门》里的二爷，家里的啥事都不管，他不管，我再不管的话，这孩子不就毁了吗？这些年呀，我就和他们父子俩斗呀，斗呀，斗得我心力交瘁，遍体鳞伤，浑身是病不说，还不能生气了呢，一生气就喘不过来气，憋得我心慌气短，唉，我这是哪辈子造的孽呀？

趁着茜说话的间隙，我进一步问道："能说一下孩子高中的情况吗？"

茜轻叹了口气，眉头蹙得更紧：中考还算幸运，凭老底，孩子考取了区重点高中。高中这三年起码让我少活十年，畅发了疯似的玩网络游戏，他的作息乱了套了，晚上不睡觉白天不起床，叫他起床就像打一场大型战役一样，我的梦魇从清晨开始。我最害怕的事就是接他们班主任的电话，虽然他也能体谅我的难处，但孩子太顽劣了，老师是不能容忍他严重干扰别人学习的——孩子胖，在课堂上睡觉打呼噜，这让老师很为难——说重了，怕孩子不去上学了；不说，会影响整个班级，说个不好听的，不能让一粒老鼠屎坏了整锅汤吧。作为一个母亲，我又是自私的，总是请求老师给孩子更多的耐心与机会，但话说回来，人有脸树有皮，我又不能总是给老师添麻烦，就这样整天提心吊胆的，总觉得低人一等，我这是什么命呀？！

说完这些，茜泪湿双眼，哽咽不能语。

"高考后至大学阶段情况如何？"等茜调试好心境，我继续抽丝剥茧式的问话。

孩子也就高考前几个月勉强学了点东西，那可是花了我很大代价的，每门功课都请了很好的老师对他进行一对一的辅导，纯粹的赶鸭子上架。虽然只考了个三本，但我与他爸还是基本满意的，孩子学了几天习，我们自个心里有数，我们只希望孩子上了大学后能让我们省心一些。没曾想到他变本加厉，在大学的两年多里，孩子统共上课的时间不超过两个月，凭谁劝都没用，虽然他的学校比较烂——孩子自己的评价，但国有国法校有校规，你都这样了，学校能不开除你吗？对学校的处分，我们家长没任何怨言，这是他自作自受，只是枉费了我们往西安跑了几十趟的劳苦。我们心想他好歹也能混个毕业证吧，谁知担心什么来什么，现在倒好，他一个大小伙子就这样杵在家里叫什么事儿呀？他整天像个没事人似的，我和他爸都快急疯了，我们都是要脸面的人，这种事如何说得出口呢？我现在都不知道怎么办了？

茜急于求助的心情溢于言表。

茜的健谈给我收集信息提供了便利。

• 爸妈是我的环境，我们是儿子的环境？

我姊妹五个，我排行老大。

我妈妈是个强人，有主见，家里大事都是她说了算；很要强，极少求人；敢担当，家里大事小事她都能担起来；很坚韧，她想做成的事，即使遇到再大的阻碍，她也能坚持，但这也造成了她与父亲的矛盾，爸爸觉得没有必要像苦行僧一样的活着，妈妈觉得人就应该活出个人样，就应该与自己较劲，就应该活得精彩。这样，我家就分成了两派，保妈派与挺爸派，我们三姐妹属保妈派，两个弟弟属挺爸派，保妈派的都考上了大学，挺爸派的都早早辍学当了工人，单就物质条件而言，保妈派的要强很多，真不知道妈妈做何感想？

爸爸为人和善，本分，心宽体胖，我总觉得爸爸一直在忍让着妈妈。其实，爸爸也是个很有想法的人，骨子里透着骄傲，遇到妈妈这样的强人，他也只能憋屈地收缩自己的光芒。

儿子说我是他姥姥的"翻版"，此言非虚——我性格像妈妈，我爱人老乔很像我爸爸，就连夫妻之间的沟通模式都惊人的想象。我想这大概就叫不是一家人不进一家门吧。我真担心儿子会像他两个舅舅一样没出息。

妈妈那个年代，生活很苦，吃饭都成问题，不饿死都算是幸运的了，更别奢望上学了。妈妈常常感叹生不逢时，羡慕我们赶上了好时代，只要我们在她眼皮下瞎晃荡，她督促我们学习的"老生常谈"便不绝于耳。妈妈是个闲不住的人，她常年做手工活，两大家那么多的长辈、小辈没有没穿过她做的衣服的，妈妈常教育我们说：人在什么阶段就要做什么事，做什么就一定要用心做好。妈妈是给我们做了榜样的，她挺能接受新事物的，这对我影响很大。

爸爸兄妹4个，爸爸上面有个姐姐和哥哥，下面有个弟弟，我爸排行老三，姑姑最大。

四兄妹中，爸爸的境况是相对较好的，多数是因为娶了我妈的缘故。我妈是比较会操持家的人，也很上进，按照农村的土话讲叫有才识。最起码我家出了3个大学生，爸爸时常把这挂在嘴边炫耀，妈妈则觉得没有把两个弟弟也培养成大学生是很遗憾和丢脸的事。

我的学习一直是妈妈管，不过爸爸还是很重视教育的，他没有重男轻女的偏见。教育子女的重任被妈妈独揽，爸爸附和妈妈的观念与做法，只是，爸爸的生活态度远远没有妈妈那么积极。

妈妈经常单独和我谈话，强调我是老大，应该做好弟弟妹妹们的表率。妈妈总是把家务做得很好，留出时间让我们学习，我们学习，她在旁边做手工活，现在想想，妈妈的思维算是比较超前的了。您也知道，我们那个年代，上大学与不上大学区别挺大的，我算是比较幸运的，遇到的老师都挺好的，也没有在学习这件事上与妈妈逆反，加上，自己也很刻苦地学习，成绩也一直很好，就顺理成章的考上了大学。

我和他爸的基本情况就是这样，我们这个家庭一直都存在阴盛阳衰的问题，我真的很担心畅就这个样子下去。

• 我在妈妈那里学到的教育方法，失灵了！

我像妈妈一样一遍遍地强调"上大学是多么多么的重要"，还加上了自己的现身说法，可儿子就是听不进去，对牛弹琴呀，他就知道玩，玩，玩！现在的孩子和我们那时候不一样了，难呀！

他爸身体不好，也不善于言谈，督促孩子学习的任务就落在我头上了。这不是个好差使呀，从初中开始，每天督促他写作业这件事就像是打仗一样，要讲究策略，要软硬兼施，恩威并重，逼太紧了，他撂挑子，不逼，他就不动，这火候可难拿捏了。打一巴掌，要赶紧再塞个甜枣，我一个人一会儿扮白脸，一会儿扮红脸，难呀！北大清华也带他去过，但人家对这不感兴趣，补习班兴趣班特长班也都报过，也总是半途而废。到高中就不能和他提学习了，一提他就急，心情好的时候叫闭嘴，心情不好的时候就叫滚，这时候软硬都不吃了，游戏比他亲爹亲娘都亲，没办法呀！也找了很多个老师给他讲道理，他哪能听进去呀，整个烂泥扶不上墙呀！我们真的是想了很多办法，可没有效果呀，他对学习很抵触，厌学呀，他自己不上进，任谁说都白搭，跟他那两个不争气的死舅是一个德行。

• 这些反思，似曾相识，你有否警醒？

我想可能是我心太急了，人也有些唠叨。总是讲考不上大学会怎么怎么样，可能导致孩子厌烦逆反。我们也经常讲别的孩子学习怎么怎么好，他对这也很反感。

孩子上小学的时候，我对他要求很高，要求孩子达到什么什么名次，达不到就罚他做题，强制他几点到几点必须学多少习，那时候孩子反抗也很激烈，但我还能镇压地住，到了初中以后，孩子和我的力量对比发生了颠覆性的变化，我镇压不住他了。当孩子厌学后，我和他爸对孩子的态度就发生了改变，不自觉地就开始从言语上冷嘲热讽的，孩子和我们关系更僵了，天天冷战，可能也影响了孩子的学习。

孩子更喜欢他爸。孩子总说我太强势，像个母老虎。

孩子还是更喜欢我的做事方式的，我说到做到，不拖泥带水。虽然我也和孩子斗，但我答应孩子的事，基本上都能做到。但他爸就做不到，明明答应孩子的事，看孩子表现不好就反悔了，我也反对他爸这点，但他哪能听我的呀。孩子有毛病，说话不算数，我们不能也犯这毛病。

孩子表面上对我唯唯诺诺，可背后做事就活脱脱像他那不争气的老爹，干个事情没有个拼劲。唉，我呀，是打心眼里看不上这种人，但老天偏偏让我给赶上了。

孩子小的时候，我们工作都很忙，没有时间带孩子旅游，加上两大家子人，我们经济也不是很宽裕，带孩子旅游的次数很少。等孩子上了初中，我们的经济宽裕了，又带不出孩子了。

他爸是个偏内向的人，而我把绝大部分的精力都放在了孩子的功课上了，加上我工作也比较忙，再说了，孩子学习成绩一塌糊涂我们也没脸带孩子到亲戚朋友面前丢人现眼。

我们真的很不懂教育，就知道逼着孩子学习，学习，再学习。我们不是称职的父母，不懂得尊重孩子，尊重是相互的，我们比年轻人懂得更多的道理，我们要先尊重年轻人，他们才也对我们尊重，这些道理我是懂的，但一用到自己的孩子身上就犯迷糊了，始终把他当做小毛孩子，没有给他应有的尊重。

• 是的，孩子并非一无是处！

刘老师，您说得不错，孩子还真的有那么一点点长处。

在初一的时候，畅的语文、英语和历史都拿过年级第一。孩子很喜欢他初中语文老师，这个老师教了他三年，孩子服他，所以，语文成绩就不在话下。

对别人，孩子有礼貌，讲诚信，不说谎，有同情心，也乐于助人。

还有，孩子是很大方的，有点西北人的豪爽劲。

畅很敬佩比尔·盖茨和李嘉诚，也想像他们那样成为受人尊敬的人，唯独不可取的是——他经常拿这两个人的例子来说明学习没有用，您说这孩子多无知呀！

• 若我的描述里藏着您要的答案，我愿意一直讲下去！

畅是个废物典型，从小到大碗不会刷，地不会扫，衣不会洗。

如果我不给畅洗衣服，那衣服能放臭的，没有衣服换，他就更不愿出门了，我是执拗不过他的，不是不想与他较劲，是不想让他找到宅在家里的理由。

畅他爸从来都不做家务，自然也没脸说孩子了，关键是他原本就不觉得懒惰是个大问题，现在孩子除了天天上网别的什么都不干了，他才觉得他的观念出了问题，应该让孩子多劳动，但晚了，孩子现在不听他的了。

除了上网，孩子对什么都不感兴趣，带他出去吃饭，他不去；出去看电影，他也不去；亲戚聚会，他不参加；劝他去看心理医生，他还跟我们气急；找人来家里做他思想工作，他不搭理人家；我和他爸也从言语上刺激他，想让他从家里走出去，但他油盐不进呀，没脸没皮；我们把网停了，他就和我们软抵抗，不和我们说一句话，每天吃了睡睡了吃，比有网的时候更颓废，我们思量还不如把网给恢复了呢，我们算是没辙了呀。

孩子被大学退学后，我和他爸着急呀，问他今后怎么办，他说不用我们管，但我看他分明是在逃避，他对今后的生活也没有什么具体打算——这是我们着急的真正原因。被大学退学，我们勉强能接受，但我们不能容忍这么个大小伙子在家里杵着，这不是啃老吗？

从初中开始，孩子就反对我们接触他的同学与朋友，因为，与他玩得好的朋友大多都喜欢上网，从那时候起，我们就很少知道他身边朋友的情况。不过，我这个孩子朋友比较少，绝大部分同学都在搞学习，只有极个别的同学像他一样，这些年孩子一直是脱离大部队的。

折腾这么多年，我对他已经不抱什么希望了，您问我他适合做什么，我还真拿不准。不怕您笑话，我已经不敢对他有什么奢望了，只要他能自食其力，就算我前世积德了。

现在他要文凭没文凭，要干劲没干劲，要想法没想法，我真的没有奢望他还会有什么发展。我呀，很务实，我就跟他说：你别在家待着就行，你哪怕是去当乞丐，也比在家里待着强，就这样刺激他，他都没反应。

他爸也被他给气糊涂了，他干脆就不管了。

• 解困之道，是成长——对求助者的深度了解是开启成长之门的前提！

解决问题的前提是对信息的深入了解，填写和谐家庭建设 & 成才教育信息表（见附件一）是每个求助的家长的必修课。

通过对茜所填表的整理，我们又发现了很多有价值的信息。

• 解困之道，是成长——系统学习，搭就正确认知的平台！

茜说她是完全信任我的，坚信我能把畅带"出息"了，并表示决不带着问题回去，请我不要有任何顾虑，尽管按照我们的工作流程放开手脚开展工作。

我深知解困之道是成长，成长是需要循序渐进正向积累的。我对接下来几天工作的安排得到了茜的高度认可，具体如下：

1. 趁集体课程之前的这三天，你可以带着孩子在北京市区旅游一下，不能让孩子总窝憋在宾馆的房间里；

2. 我计划抽出时间和孩子接触两次，每次两个小时；

3. 第四天早上准时参加"和谐家庭建设＆成才教育四日课"（见附件二）；

4. 课程结束后，我留出一天的时间给你们，重点解决"今后怎么办"的问题。

茜对我的安排并无异议。

按计划，我与畅有过两次接触，一次是一起打了一个多小时的台球，另一次是一个多小时的聊天，聊的是"四日课"的内容，出乎我意料的是畅对活动的内容很感兴趣，并开玩笑说今后也想从事家庭教育工作。

在"四日课"中，畅很活跃，也很投入，他表示课程震撼到他了，并承诺要与网络游戏Say bye bye，还请我抽出时间帮他做事业生涯规划。

茜夸张的表示对活动效果百分百的满意，并决定要一期不落的参加我们即将继续举办的八期和谐家庭建设＆成才教育实战沙龙——活动组织形式类似于"四日课"每晚的"我想"部分，每期为时2天，限定研讨主题与参与人数，每期限16—20人，参与人员均为曾经参加过"四日课"的家长，大家都有很多表达自己观点的机会，对主题的探讨充分且有深度，用参与者的话说是"思维的盛宴，心灵的洗礼"。

"四日课"的节奏快，内容量大，多数家长表示好多年没有如此畅快淋漓的学习过了，畅也表示这连续四天的活动，让他大有醍醐灌顶之感。

"四日课"只是一个良好的开端，是为大家搭就的一个统一认识的平台，有了它，我们人生的这台大戏可能更有看头了。

● 解困之道，是成长——单独沟通，去伪存真促理性回归！

畅有着西北人的敦厚与豪爽，再见到我时，一上来就紧紧抓握住我的手，大赞对我的崇拜，并连声嗟叹相见恨晚。

与畅的沟通过程是愉快的，他开门见山，我直抒胸臆，你一言我一语，畅快淋漓。

畅：这几年我算是荒废了，都是网络游戏害的。

你认识到网络游戏对你的负面影响，我为你感到高兴。

畅：没什么大不了的，不就是一个不入流的破大学吗，让我走人是他们的损失。

他们的损失？

畅：您不觉得我挺优秀的吗？他们失去我这一学生，难道不是一大损失吗？

这话什么意思？

畅：等我成功以后，让他们后悔去吧。

谁后悔呀？

畅：还不是学生处的那些鸟人，还有校长，他们都是有眼无珠的鼠辈。

同为清华大学的学生，有的做了国家主席，有的作奸犯科沦为了阶下囚，这和学生处的人与校长应该有什么关系呢？你知道主席上清华大学时，清华大学的校长是谁吗？

畅：我才不管那么多呢。

你知道主席上清华大学时，清华大学的校长是谁吗？

畅：没怎么关注过。

我也没有关注过。等你功成名就时，有多少人会关注你大学时的校长是谁？

畅：应该没多少。

那校长又有什么损失呢？

畅：我也没有什么损失呀。

真的没有吗？

畅：我都想好了，直接买个文凭就完事了。

买个文凭？

畅：现在买文凭方便得很，网上都明码标价的，985、211、二本院校应有尽有，顶多花个三五千的。我都研究透透的了，挺靠谱的。

一纸假文凭有何用？

畅：您这话说的，我拿着重点大学的文凭，到任何单位，把文凭随便往桌子上一拍，谁敢不要我？

☆☆ ☆☆ ☆☆ ☆☆ ☆☆

畅的反问给了我调整谈话节奏的机会，我知道一定要抑制住强烈的要与畅进行辩论的冲动。家庭教育工作的难点不在于发现问题，而是如何有效解决问题。若罔顾畅的情绪与感受，单刀直入地指出他的问题所在，结果很可能是"赢在嘴上，输在心底"——对方虽然在口头上被你说服，但心理上却对你产生了抵触。抵触一旦产生，心门就关闭了，当畅不再袒露心迹的时候，沟通引导工作就举步维艰了。

☆☆ ☆☆ ☆☆ ☆☆ ☆☆

我：很多年没有应聘过工作了，我回答不了你的问题。我1997年大学毕业，那时已经没有国家分配工作的政策了，同学们为找工作的事都焦头烂额，大大小小的招聘会都人头攒动，稍好一点的单位的招聘展位更是被围得水泄不通，想投个简历都很难，更悲剧的是多地招聘会现场发生不同程度的踩踏事件，多人因此而失去了生命。2000年前后，大学开始扩招，毫无疑问接下来大学毕业生越来越多，也意味着僧多粥少的就业局势将愈演愈烈，为应对这种局势，大学毕业生们不得不对自己的就业问题重新规划——有的选择了考研，有的选择考公务员，有的选择考更多的证书，有的选择创业，有的选择出国深造，有的选择到更小的城市去就业；一些社会人士甚至提出了学士后的概念；各个大学也都为此做了一些积极的努力，一方面在课程设置上更加的务实，增加与加强了与实际工作联系更紧密的课程，更加重视和突出就业处的地位与作用；一些职业技能培训机构更是抓住机遇，增设了一些针对大学毕业生的实用职业技能培训课程，取得了很好的经济效益与社会效益。十多年过去了，每年新增几百万的大学毕业生进入就业市场，上一拨人还没着落，下一拨人又来抢饭碗，下基层，到工厂，入车间等等成为常态与趋势，一张假文凭何以有那么的大的魔力呢？

★★　★★　★★　★★　★★

我说上述话的时候，语速很慢，语调平缓，我是以说明文的口气说出上述话的，特别是最后一句问话，我的语气尤为轻柔，只有和风细雨，绝无风霜雷电。我很清楚，这几年畅一头扎进网络游戏的海洋里，虚幻世界中的异能、玄幻、机缘巧合、虚拟身份与地位、脱离现实的生存规则等等已经严重影响了畅的思维方式，我需要给他普及一些基本的社会与生活常识，这就是我说出上述一大段话的初衷。我也确信以这种方式与畅说话，是不会引起他的反感的。

★★　★★　★★　★★　★★

畅：既然大学生都找不到工作，那为什么我们还要上大学呢？

现在大学生的就业形势的确不容乐观，但绝不是大学生都找不到工作。在就业市场上，有真才实学的大学生依然是香饽饽，他们可以选择工作，那些不学无术的，抱着拿毕业证而上大学的毕业生才会面临就业难的悲惨境地。

畅：我的头脑好乱呀，有点头痛。

那我们出去逛一逛。晚上想吃什么？我请你吃顿大餐。

畅：好吧。也没有特别想吃的，您瞧瞧我这体格，不敢胡吃海喝的了。

到时候再说吧。

走着，走着，畅就欢愉起来了，说想与我杀几盘台球，我欣然应战。一个多小时的台球比赛，畅很享受这个过程，说了句感悟颇深的话——体育运动给人带来的快乐是电脑游戏不可比拟的。

晚餐，实惠而可口的两菜一汤，天南地北天马行空的随性而聊，畅的话越来越多，我的话越来越少，很多话头都是由畅挑起的，这是我想要的结果。

令我没有想到的是畅又重提买大学毕业证的事。

畅：您真的很反对我买毕业证吗？

在这件事上，我只是谈了谈我的所见所想，并没有给你什么具体的意见与建议，你之所以觉得我反对你做这件事，可能是你自己也觉得做这件事没有价值吧，你能这样想我真的替你感到高兴。

★★　★★　★★　★★　★★

当畅有积极的表述出现的时候，我是一定要把这个"功劳"记在他头上的，并想方设法让这个积极的种子生根发芽。

★★　★★　★★　★★　★★

畅：我，我还是没有想太明白的。

你能意识到不去买这个毕业证已经是个很大的进步了。或许你也听过这个老生常谈的段子——能买到房子，但不一定能买到家；能买到婚姻，但不一定买到爱情；能买到书本，但不一定能买到知识吧，借用这个思维方式，就可以说能买到毕业证，但买不到什么呀？

畅：买不到真才实学。

你终于完全想明白了，太好了！我们该怎么庆祝一下呢？

★★　★★　★★　★★　★★

当取得了一个成果，就要立即进行巩固，并努力想着取得更大的成果。

★★　★★　★★　★★　★★

畅：您说呢？

你能听进去别人善意的意见与建议，说明你是个情商很高的小伙子，好马配好鞍，你这样的情商应该配一个宏伟的发展计划，这个宏伟的发展计划就是对你自己最好的褒奖，对吧？

畅：什么宏伟的发展计划呀？我还没有想过呢。

所以呀，这个奖励最合适呀，正因为没有，所以才更需要嘛。

畅：我毫无概念呀，您一定得帮帮我。

我可以助你一臂之力，我们到办公室里聊吧，我需要用一下纸和笔。

办公室。

我：这是一卷传真纸，要把它展开的话很长吧。

畅：嗯。

我：我们现在借助于这卷传真纸，来完成对宏伟的发展计思路梳理工作。

我拿出我压箱底的钢笔，借助于直尺画好下面这个烂熟于我心的表格，并用楷体工工整整的填写上表格里的文字。我的这股子认真劲儿感染了畅，他安安静静地站在我身旁，一脸的严肃认真。

和谐家庭建设 & 成才教育成长路径选择规划表

人生选择 生活描述	打工	创业	学技术	留学	复读高三	在家待着
选择的理由						
是否是积极的选择						
是否是实现自己人生理想的选择						
这种选择在当下的得失是什么						
这种选择今后的发展与大学同学比如何						
父母会很乐意的支持你的这种选择吗						
这种选择所对应的半年之内的生活						
这种选择所对应的一年之内的生活						
这种选择所对应的二年之内的生活						
这种选择所对应的三年之内的生活						
这种选择所对应的四年之内的生活						
这种选择所对应的五年之内的生活						
这种选择所对应的十年之内的生活						
这种选择所对应的十五年之内的生活						
这种选择所对应的二十年之内的生活						
这种选择所对应的二十五年之内的生活						
这种选择所对应的三十年之内的生活						
这种选择所对应的三十五年之内的生活						
这种选择所对应的四十年之内的生活						
这种选择所对应的四十年之后的生活						

生活描述 \ 人生选择	打工	创业	学技术	留学	复读高三	在家待着
你的选择符合父母对你的成长期望吗						
你的选择对你恋爱的影响						
你的选择对你婚姻的影响						
你的选择对你人际关系的影响						
你的选择对你职业选择与发展的影响						
你的选择对你教育子女的影响						
你的选择是如何体现你积极上进的人生态度的						
你希望与哪些人分享你的选择						
备注： 1. 请用100字以上的文字较为详细描述你的选择所对应的生活； 2. 你的每一句话都是深思熟虑过的，这的确是你想要的生活； 3. 请在两天之内完成此表的填写，时间很宽裕，请仔细斟酌。						

畅：大工程呀，任务艰巨呀！

我：呵呵，是呀。俗语讲日子比树叶还稠，的确，我很想不过明天直接到后天，但我办不到。但话说回来，如果你站在60岁的角度，回忆你现在的选择，是否会觉得很有意思呢？这是属于自己的人生穿越剧，是否好看，全在自己编剧，我等着看好戏呢？

畅：YES SIR.

畅的表情活络了起来，整个人也轻松协调了很多，这是比较好的思考人生选择的状态。

目送畅带着"传真纸"回宾馆，我则拖着疲惫的身体开车回家，脑子里塞满期待。

• 畅想人生，唱响人生！

两天后。

办公室。

我与畅。

畅：您不会笑话我吧？

我：怎么会有这种想法？

畅：您看完我填的表您就明白了。

传真纸被畅卷得整整齐齐的，我轻轻接过畅手中的传真纸，慢慢地展开，哇，隽秀的小楷，找不到一个连笔字，从字的角度看，畅是认真的，从内容的角度看，畅是极其认真的。

畅选择的是复读高三。

我精读畅所填写的表格，对畅所使用的每一个形容词都细心揣摩，越品我就越平静，看得出畅在填写表格的初期是经过激烈的思想斗争的，当选择笃定之后，他内心安静了下来，所填写的内容也就积极与务实了，接下来的谈话验证了我的看法。

★★　★★　★★　★★　★★

我为何要如此仔细地阅读畅所填的表格，原因有五：

一、我是很认真、很严肃的对待这件事的；

二、我对畅的选择在态度上是尊重的；

三、我要通过畅的选择及相应的生活描述捕捉到畅的思想轨迹，发现支持他选择的能量，为促成其选择的实现做努力；

四、酝酿谈话的立场与内容，巩固畅所取得的思考成果；

五、记住畅所做的生活描述，并通过谈话的方式再现一下，发现其中相矛盾的地方，以这些矛盾为工作的重心，展开对畅的认知矫正的工作。

★★　★★　★★　★★　★★

我：恭喜你有了自己的选择！

之所以没有在选择之前加上诸如“生活”、“人生”等字眼，就是不想在谈话一始，就扣上人生大道的帽子，我们做家庭教育工作，要的是实质性的工作进展与效果，而不是搭戏台装样子耍酷。这句的核心是"自己的"，我担心使用了诸如"生活"、"人生"等字眼，减弱了畅对我所表达的核心词的关注。

畅：您觉得我还有得选择吗？

我：我不懂你的意思。

畅：您说林冲为什么上梁山？

我：不一样的。

☆☆ ☆☆ ☆☆ ☆☆ ☆☆

我语气坚定，目光炯炯地注视着畅，满目传递着欣赏。

☆☆ ☆☆ ☆☆ ☆☆ ☆☆

畅：有什么不一样，就您高看我，我有什么呀？我这叫穷途末路。

☆☆ ☆☆ ☆☆ ☆☆ ☆☆

我的肢体语言很有效的传递出我的情感，畅接收到了我对他欣赏的信号，虽然他言语表达上还有着些许消极，但我已成功地在他的内心根植上了正能量的种子，有了这粒宝贵的种子，我们就有了浇水施肥的机会。

☆☆ ☆☆ ☆☆ ☆☆ ☆☆

我：因为你做出了一个充满着希望的选择，所以我高看你。这是你自己的选择，这是你自己想要的生活，这是你自己实现你人生理想的方式，也是你更积极人生的起点。你的这个选择意味着你对过去生活的告别，意味着你在努力超越过去，意味着崭新的一页即将翻开，意味着生龙活虎的畅又站在新的起跑线上了。所有这些，都因为你有了一个正确的选择，这难道不值得我恭喜吗？不值得我们祝贺吗？

★★　★★　★★　★★　★★

种子既然已经下地，我干吗还要等呢，立即浇水吧！每当这个重要的时刻到来的时候，我都有站在五星红旗下的庄严感，我都会选择使用有气势的排比句，并把每个重要的字眼咬得格外清楚，用充满力量的手势，有力的声调，坚定而兴奋而激动而充满期待的表情，充满笑容而炯炯的眼神，来表达我对种子发芽的期待。

★★　★★　★★　★★　★★

畅：难呀，又要经历一次高三，炼狱呀！

我：呵呵，那就恭喜你在烈火中重生吧。说实在的，畅，你挺有血性的，是条汉子，虽说大家都会说"从哪里跌倒就从哪里爬起"这句话，但这毕竟是很多人嘴上说说的事，但能把自己的发展路径思考得如此透彻的人，不多！畅，你做到了，你令我敬佩！

★★　★★　★★　★★　★★

时机成熟了，到了让这个选择落地走路的时刻了。这个时候，我表现得无比的轻松，我想要畅在轻松的氛围中思考一些具体的计划，我需要通过问与答的方式让畅对接下来的生活安排具体而清晰起来。

★★　★★　★★　★★　★★

畅：您千万别这么说，我都摔了个大跟头了，再也禁不起折腾了。

我：你的这个选择就意味着不会再有折腾了，只要把接下来的具体事情安排好，一切都会顺风顺水的了。

★★　★★　★★　★★　★★

有了种子，有了土壤，有了水分，有了温度，我们还需要替代种子发芽吗？所以，我们一定要管住自己冲动的心，管住自己机关枪式的嘴，具体的计划是要对方做出，而不是我们越俎代庖。很多时候，当我们的工作取得一些进展后，我们往往容易冒进，容易违背人思想接受的规律，容易犯揠苗助长的错误。家庭教育工作就像打仗一样，如果总想着多多攻下对方的城池，就很容易因战线太长根基不稳而蹈入覆辙。最好是打下一个城池，巩固一个城池，形成一个稳固的阵地。

★★　★★　★★　★★　★★

畅：您能把我的事与我妈说一下吗？

我：哈哈，你是想让我做不劳而获的人呀，我怎么敢抢你的功劳呢？也好，待会儿你把妈妈请过来，让她也听听你的计划，我想她会很开心的。你先把你的具体计划和我说说，全当做排练了，这样等你妈妈来了，你就能挥洒自如了，OK？

★★　★★　★★　★★　★★

正如我所料，畅对我有了依赖。

我该怎么办呢？

没得选择，我只能很巧妙地把"球"再传给他，并把事情再往前推进一步。

★★　★★　★★　★★　★★

畅：先确定一所复读学校，不知道会有哪所学校会要我？这么多年没有怎么摸过书本了，很多东西都陌生了，不知道还能否捡得起来？我觉得我可能要改学文科了？

我：你已经想得很细了，这些事在你的头脑里没少转圈吧？我觉得找学校的事你妈妈会帮你的，选择文科还是理科你具体是怎么考量的呢？

☆☆ ☆☆ ☆☆ ☆☆ ☆☆

　　谈话思路：减负+具体化。找学校的事情完全可以由父母协助去做，可以化作轻松一谈。但选择文科还是理科就是比较重要的问题了，需要认真搞清楚。

☆☆ ☆☆ ☆☆ ☆☆ ☆☆

　　畅：本来我的理科就不太好，高中的时候也没有好好学，过去学的那点东西也都还给老师了，现在再重新学物理、化学那些东西的确是很费劲的，我对再学物理、化学有些犯怵。文科的这些东西倒是比较好对接一些，最起码我心里不害怕它，我知道文科天天背也是个头疼的事儿，我有思想准备，我不下地狱谁下地狱，下过一次地狱了，再多一次又如何？

☆☆ ☆☆ ☆☆ ☆☆ ☆☆

　　畅的这种举重若轻的状态是我想要的，说明我"减负+具体化"谈话思路起到了一定的效果。

☆☆ ☆☆ ☆☆ ☆☆ ☆☆

　　我：舜发于畎亩之中，傅说举于版筑之间，胶鬲举于鱼盐之中，管夷吾举于士，孙叔敖举于海，百里奚举于市。故天将降大任于斯人也，必先苦其心志，劳其筋骨，饿其体肤，空乏其身，行拂乱其所为，所以动心忍性，曾益其所不能。人恒过，然后能改；困于心，衡于虑，而后作；徵于色，发于声，而后喻。入则无法家拂士，出则无敌国外患者，国恒亡。然后知生于忧患而死于安乐也。你制定的是迈入天堂的计划，岂有下地狱之理？

☆☆ ☆☆ ☆☆ ☆☆ ☆☆

　　我很喜欢《孟子·告子下》这篇古文的该片段，我能将其一字不落的背下来，在背诵的过程中，我的语速很慢，并用手势示意对方也参与进来与我一起背，我们一起大声地背诵，抑扬顿挫，摇头晃脑，其乐融融。这是增进我们亲情与达成共识的绝好方法，屡试不爽。

☆☆ ☆☆ ☆☆ ☆☆ ☆☆

我：哈哈，太开心了！平常喜欢唱歌吗？

☆☆ ☆☆ ☆☆ ☆☆ ☆☆

在做工作的时候，要把握一个节奏，一张一弛，文武之道也！就像拉弓射箭一样，拉得太满而超过弓承受极限的时候，弓就会折断。家庭教育工作是严肃的，需要我们工作人员严肃认真地对待，但这并不意味着要我们板着面孔声嘶力竭地去说教。在工作中，收放自如是一种很重要的能力，谈话的内容、节奏与方向完全在我们的掌握之中，话题可以形散但一定要神聚。我们要尝试从更多的角度与谈话对象建立认同——性格认同、行为方式认同、人格认同与引导认同，有了这些认同，我们之间就有了爱的连结，这种连接的形式越轻松快乐，工作的效果就会越好。

☆☆ ☆☆ ☆☆ ☆☆ ☆☆

畅：呵呵，喜欢呀，但五音不全。

我：ME TOO.都喜欢唱谁的歌呀？

畅：我比较喜欢唱老歌，可能是因为我心态老吧。

我：山丹丹的那个开花哟红艳艳

　　咱们中央那个红军到陕北

　　咱们中央那个红军到陕北

　　千家万户哎咳哎咳哟

　　把门开哎咳哎咳哟

　　快把咱亲人迎进来咿儿呀儿来吧哟

为民亲人哎咳哎咳哟

热炕上坐哎咳哎咳哟

知心的话儿飞出心窝窝咿儿呀儿来吧哟

满天的乌云哎咳哎咳哟

风吹散咳哎哎咳哎咳哟

毛主席来了晴了天

晴呀晴了天

毛主席来了晴了天晴呀嘛晴了晴呀天

山丹丹的那个开花哟红艳艳

毛主席领导咱们打江山

毛主席领导咱们打江山

★★　★★　★★　★★　★★

　　我很投入的放声大唱这首我喜爱的陕北民歌《山丹丹开花红艳艳》，而且是高亢有力的阿宝版的。因为畅也全情投入地唱了进来，故我坚持把这首歌完整的领唱了一遍，如果畅不会唱这首歌的话，我会选择唱刘欢的《从头再来》或《少年壮志不言愁》，总之，我会选择高亢而有力的老歌。

★★　★★　★★　★★　★★

　　我：咱们老百姓啊，今儿个真高兴呀！哈哈哈，别光我们自己高兴呀，把你妈妈也请过来一起乐呵吧，我把茶沏好等你们，快去快回吧。

　　畅：好嘞，去了。

　　我打开电脑，播放阿宝版《山丹丹开花红艳艳》。

　　办公室。茜，畅，我。

　　我：好，这歌怎么样？

　　我笑问茜。

茜：这歌我太熟悉了。

我：会唱吗？

茜：当然会了。

我：那还等什么？

茜：啊？

我：知心的话儿飞出心窝窝咿儿呀儿来吧哟

满天的乌云哎咳哎咳哟

风吹散咳哎哎咳咳哟

毛主席来了晴了天

……

我放开喉咙唱了起来，并用手势示意茜、畅也参与进来。我们越唱越投入，越唱越好，直至把这首歌唱完，还意犹未尽。

"您知道我为什么这么高兴吗？"我笑问茜。

茜：有什么喜事呀？

恩：哈哈，猜得没错，是有喜事，人逢喜事精神爽呀，让畅告诉您吧。

畅：妈，您要支持我，我准备复读高三。

茜：啊？

畅：挺意外的吧？

茜：不是意外，是惊喜，妈是高兴呀！儿子，妈支持你，全力支持你，放心吧儿子，我和你爸都支持你。

畅：我要读文科，挺难的。

茜：文科？你过去学的是理科呀，能行吗？

畅：我也权衡过了，觉得还是选文科好些。过去我理科学得也不咋的，时隔这么久也捡不起来了，文科好入手一些。

茜：儿子，我支持你，你爸也会支持你的。

我：我出去伸伸懒腰溜达溜达，顺便在宾馆大厅的休息区眯盹一会儿，太困了。你们自己泡茶喝吧，我定个闹钟大概半个小时后回来。

☆☆　☆☆　☆☆　☆☆　☆☆

书法与绘画都讲究留白，谈话亦然。

此处留白原因有四：

一、我给茜、畅母子营造了一个充满能量的氛围，短时间内他们可能会达成一些积极的共识；

二、为我自己提供发现他们亲子沟通中存在问题的机会；

三、促进他们母子独立思考与解决问题；

四、为完善与推进畅的计划做铺垫。

☆☆　☆☆　☆☆　☆☆　☆☆

● 孩子已经出发，家长还困在原地！

大概四十分钟后，我叩开办公室的门。

开门的是茜，她阴沉着可以拧下水的脸，眉头紧锁，样子能吓死牛。

畅则深坐在沙发上，前臂交叉在紧闭的双腿上，额头顶在小手臂上，脸被大臂遮得严严实实，看不出是什么表情，很明显，这是抗拒交流的姿势。

我：对不起！我来得不是时候，打扰了你们思考？

没有回答。

我：那我再去溜达一圈吧，你们继续思考。

我转身就往外走。

茜：刘老师，我实在是没法接受，学校的事我们可以商量着来嘛，干吗他说啥就是啥呢，能不能考虑一点点我们的感受呢？

我：您高估了我的智商，对不起，我不懂您的意思？

茜：他非要去家门口的那个高中复读，我觉得这很不合适。左邻右舍的低头不见抬头见，问起来（孩子复读高三的事），让我们如何开口说呀？我们都是很讲脸面的人，不能这样毁我们嘛！再说了，当时考学走的时候，都是唱过戏，喝过喜酒，请过客的，这样回来算怎么回事呀？在哪复读不是复读呀，干吗非认准家门的学校呀，不嫌丢人吗？

我静静地听着茜这些寒气逼人的话语，注视着她因气恼而扭曲的脸，整个屋子里充满了刀风剑雨。

☆☆ ☆☆ ☆☆ ☆☆ ☆☆

这样的气氛是结不出什么好果子的，我必须扭转这种局面。

☆☆ ☆☆ ☆☆ ☆☆ ☆☆

我：请畅先在办公室休息一下，我与你妈妈在外面统一一下认识。

我们轮流休息，这样很公平的，帮我看门哦。

我与茜来到宾馆大厅的公众休息区。

我：方便讲一下你们刚才的交流吗？

茜：刘老师，谢谢你哦！孩子能够复读高三是我们都希望的，但不能在家门口的学校读。他就是个死心眼，认准的事十头牛都拉不回来。

我：他为什么就认准了这个学校呢？

茜：说是方便，还可以节省时间，老师他也比较熟悉。他怎么就不能为我们想想呢，怎么就不能想想我们心里是什么滋味呢？

我：在我的课程中，有一部分内容是我特别强调的，那就是我们要全面接受孩子，或者说是完整接受孩子，您能讲讲您是怎么理解的吗？

茜：我也知道这个道理，但人有脸树有皮，我们也不能不要尊严吧。

恩：我的问题是您对"完整接受孩子"这句话是如何理解的？

茜：我知道，我知道，我真的知道。

茜很不耐烦起来。

我：你知道，但你不懂得。

我语速很慢，吐字很清晰，表情很严肃，几乎是一字一顿地说出这几个字。

茜抽泣起来，掏出手帕纸擦拭眼泪。

等待茜的情绪风雨停歇。

我：我很想听听您对"完整接受孩子"这句话是如何理解的？

☆☆　☆☆　☆☆　☆☆　☆☆

我不是唐僧，是问题太重量级了！我决不能因过度照顾茜的情绪而放弃对原则问题的坚持。当这个时刻出现的时候，若再耐着性子把"完整接受孩子"的理念讲上一遍，谬以千里矣！家长们不是不知道理念的内容，只是这个理念动了他固有观念的奶酪，和他固有的理念开始打架了，而他却站在自己的角度拉偏架，从本质上讲，他还没有完全接受我们的理念。

☆☆　☆☆　☆☆　☆☆　☆☆

茜：根据您讲的，就是说不管孩子怎么样，他都是我们的孩子，我们不要另眼看待他，照样给他爱，给他宽容，给他机会。

我：还有呢？

茜：当孕育孩子的时候，我们只是单纯的希望生个健全、健康的小宝宝，但当孩子一天天长大，我们对孩子的期望也与日俱增，我们无意识中把我们未尽的理想强赋予孩子身上，我们把这种做法归因于爱，其实，这时候我们正在犯"有条件爱孩子"的错误，当孩子没有按照我们期望的方式发展或是没有达到我们期望的样子，我们往往会气急败坏地对孩子求全责备，而罔顾孩子的内心感受。

恩：您能大段大段的复述我讲课的内容，用词用语都很贴切，您真的是位很用心的母亲。其实，您不仅是知道，而且，也是完全理解了"完整接受孩子"的理念的，请问如何把这个理念转化为实际的行为呢？

茜：您的意思是说我同意他在家门口的高中复读？

我：假如您是电影院的检票员，今天晚上八点将在您的影院上映《泰坦尼克号》，您卖出了80张电影票，请问您如何检票？

茜：很简单呀，谁买票我让谁进，没买票的不能进呀。

我：如果买票的这个人20天没洗澡呢，您让他进吗？

茜：当然让进了。

我：如果买票的这个人是个秃头呢？

茜：那也得让进。

我：如果买票的这个人是个文盲呢？

茜：也得让进。

我：如果买票的这个人从小学到高中，每次考试都是最后一名呢？

茜：让进。

茜有些不耐烦了。

但我不能就此罢休。

我：如果买票的这个人曾经是你的仇人呢？

茜：让进。

我：您就是电影院的检票员，孩子就是买了票的观众。不管他是20天没洗澡；或是秃头；或是文盲；或是从小学到高中，每次考试都是最后一名；或曾经是你的仇人；或是被大学开除，您都需要让他进场观影，这就是"完整接受孩子"的理念。现在您对他选择在家门口的高中复读高三这件事怎么看呢？

"我完整的接受。"长长的沉思之后，茜带着苦笑说出了这六个字。

我：您感觉很委屈？

茜：哪有呀，您是帮我解决问题，我还总是闹情绪，刘老师，我是不是太过分了，总是给你找难为。

我：您算是接受能力挺强的了，这么快就领悟透了我的意思，我很欣慰。畅做出这样的选择是极其难能可贵的，您站在他的角度想一想，他每天去上学看见左邻右舍的该怎么应对，见到亲戚朋友该怎么说，最为重要的是他理科改文科——这另起炉灶的事对于一个高三的学生来讲，意味着他在班级里的起点是垫底的，这个心理压力可想而知。这个时候的畅，需要的是阳光雨露，需要的是认可与鼓励，一会儿进去，知道怎么做了吧？孩子这么争气，您还有不乐呵的理由吗？

茜：这回我是真的知道怎么做了，刘老师，您就放心吧。

我：请把脸揉搓的活泛点吧，这样不至于笑容那么僵硬。

"哈哈，好的，听您的。"茜很认真地做干洗脸动作，一遍又一遍。

办公室，三人又重聚。

我重播阿宝版《山丹丹开花红艳艳》。

随着高亢而欢快的音乐响起，我忘情的跟唱起来，茜也跟了进来，我摇动畅的肩膀，鼓励畅参与进来，畅也参与进来了，我把一个白色毛巾系在头上，学着阿宝的模样，畅笑了起来。

歌声继续。

欢乐继续。

随着这首歌的结束，这母子俩也都沉默起来。

我：满天的乌云哎咳哎咳哟

风吹散咳哎哎咳咳哟

……

我的快乐在继续。

☆☆ ☆☆ ☆☆ ☆☆ ☆☆

我从来不喜欢板起面孔作说教，把现场气氛调节得柔和怡人，是
我们工作有效的前提。

☆☆ ☆☆ ☆☆ ☆☆ ☆☆

我：好了，畅，恭喜你哦，你的事情成了！这是一个良好的开端，我们准备怎么庆祝呀？

畅：您说呢？

我：那就等你回去上学之后，我去看你一次，怎么样，这种庆祝方式还可以吧？

畅：好，一言为定。

我：嗯，一言为定。我们很有缘分的哦，我们能在一起唱同一首歌，还能在一起畅谈美好的未来，千年修得同船渡，万年修得共枕眠，我们的缘分需要多少

年的修为呢？

畅：十万年。

我：哈哈，哈哈。对，十万年。比刘德华的爱你一万年还长十倍，哈哈。畅，我需要你的帮助，我们是自己人，我请求你对我接下来的课程提些意见与建议，我想听真话，所以，我接下来的八期和谐家庭建设＆成才教育实战沙龙还烦请你参与，帮帮我，好吗？

☆☆ ☆☆ ☆☆ ☆☆ ☆☆

家庭教育工作是影响人为人处事观念、成长成才观念的工作，这就要求我们从业人员不能有"萝卜快了不洗泥"、"短平快"、"一锤子买卖"、"现世报"、"撞大运"等纯商业上投机或操作的念头，"十年树木，百年树人"的观念应该深入到我们的骨髓里面，甚至成为我们连说梦话都会说出的话。对畅的邀请，是工作的需要，畅的认识水平需要继续提升，畅的思想状态需要持续巩固，当然，这也是提前与茜达成共识了的。

☆☆ ☆☆ ☆☆ ☆☆ ☆☆

畅：我早就决定参加了，我对家庭教育工作也是很感兴趣的，您就收我做徒弟吧？

我：哈哈，谢谢你对我的支持与鼓励！这个领域同样是山外有山，人外有人，我不想因为我这座小土包遮住了你的视野，大家共同提高吧。

☆☆ ☆☆ ☆☆ ☆☆ ☆☆

家庭教育工作要想取得更好的效果，就要求我们从业人员学会"爱"，只有对方真正感受到我们对他们真诚的关爱，我们的工作才有可能向纵深推进。

☆☆ ☆☆ ☆☆ ☆☆ ☆☆

畅按约定参与了后续的活动，也的确给了我很多宝贵的意见与建议。

暑假过后，畅重又迈入高三的课堂，学的是文科。

茜每周都把畅的详细情况告知与我，她多次讲到畅的压力很大——经常躲在房间里哭，她怕孩子因压力太大出什么事，很焦急。我说这是我兑现我承诺的最佳时机，我要在年前抽出时间去看他一次，茜闻听此言，喜极而泣。

在当年南方雪灾的时候，我乘火车从北京到了西安，由于大雪封路，从西安到畅家所在地级市的公共汽车都停运了，我只好打的往畅家赶，我也很期待与畅会面。

到畅家的时候，他还没有放学，我与茜约定不要把我去的消息事先告诉畅，我们很默契的都想到给他一个惊喜。茜夫妻俩很热情的接我到家，沏上家里最好的茶，这夫妻两个都满脸洋溢着热情与喜庆，满嘴是感激之言，言必称是我给了畅的新生。

我很客观的表达——畅主要是靠自己的能量走出困境的，你们做父母的也做了很大的努力，你们是土壤，是阳光，是雨露，是畅发芽不可或缺的条件，我只是告诉了你们正确的播种方法而已。

★★　★★　★★　★★　★★

我之所以要做上述的表达，不是客套言语，是真心表达，我要给这夫妻两个强有力的心理支撑，畅还挣扎在困境的漩涡中，需要父母的协助。一个有智慧的家庭教育工作者要时刻想着调动一切积极的能量帮助我们的访谈对象更好地成长，而不是给点阳光就灿烂，不可有点成绩就得意忘形，不可处处彰显我们的能个而让访谈对象进入家庭教育高深莫测的认识误区，相反，在与家长们建立起相互信任之后，我们就要树立起这样的理念：我们是幕后工作者，我们的目标是让家长们在家庭舞台上有更上佳的表现，从而协助孩子更好地成长，在必要的时候，我们甚至要做"灭自己威风，长对方士气"的事，家长有能量了，孩子也就有希望了，这就叫授人以渔。

★★　★★　★★　★★　★★

与畅父母的交流是令人愉快的，不知不觉就到了畅放学的时间。

门铃响起。

我把门开启。

畅看见我的那一刻，激动，兴奋，惊喜。

"真的是您吗？"

"如假包换。"

畅给我一个长长的熊抱。

畅穿着白蓝相间的宽大的运动装校服，背着双肩式书包，满颊满下巴的黑胡茬，他拍着胸脯问："刘老师，我像个中学生吗？"

"我像个男子汉吗？"我略显俏皮的反问逗得畅朗笑绕梁。

畅很男人的宣称今天谁也不能阻止他与我的一醉方休，茜与老公也都称他们也要与我一醉方休，我没得选择了，只能心满意足地享受这浓香的家庭氛围，此刻，我们就是幸福的一家人。

每天能休息好吗？

身体能吃得消吗？

学文科也挺有意思的吧？

到北京上大学好吗？这样我们就能经常聚会了。

……

☆☆ ☆☆ ☆☆ ☆☆ ☆☆

在常规的拉家常中，我坚持一个原则：淘宝+确认+扩大+巩固。具体说来就是我在谈话中留心畅的每一个积极的因素（淘宝），用很中肯的方式精确的予以确认（确认），并将这个积极的因素上升至其人格的层面（扩大），并表明自己对其的赏识，表达出其这样的状态定会达到什么什么的具体目标（巩固）。

☆☆ ☆☆ ☆☆ ☆☆ ☆☆

谈话目标基本实现，我也如释重负。

当晚，家宴上。

西凤酒满上，干。

再满上，再干。

再满上，再干。

我心中牢牢把握着一个度呢，此刻，最不能醉的人是我，酒再香，情再浓，都不可让内心的蛮兽出笼，因为任何的疏忽都可能让我此行的目的打折——让畅更坚定地把自己的选择坚持下去，甩开一切思想包袱，轻装前行，力争考上北京更好的大学。

此行，不虚。用茜的话说"激励了畅整整一个学期"。

畅不负众望，考上了北京化工大学。

通知书下来，畅第一个打电话告诉我这个喜讯。

如果是小说或电视剧或电影，故事到此就应该结束了，但这是真实的案例，好戏好在后头。

• 让人瞠目结舌却又哭笑不得的事

八月的某一天，我突然接到茜的电话，声称畅去了重庆，可能是去会网友了，有三、四天没有他的音讯了，电话也打不通，也没有接到畅的电话，担心被网友骗了，也担心被传销组织扣留了，还担心遇到凶险如被卖器官之类的，越说越可怕，越可怕就越说……

电话里茜的哭声没有停止的迹象，在接下来的一周中，我每天都会接到茜的电话，茜的哭声成了电话里的主旋律，即使如此，我还是很乐意地接听她的电话，我的倾听极大程度地缓解了她的焦虑。

一周后，畅回到家中，带着兴奋与幸福，同时还带着一个操着重庆口音的大他5岁的女孩子。

茜一颗悬着的心落地了，也是第一时间电话告知我，让我放心。

大概四五天后的一个中午，我的手机响起，是畅的来电。

"畅，你好。"

"刘老师，出大事了！"

"咋了？"

"我妈把我女朋友给打了。"

"女朋友？打了？"

高考后，我谈了个网友，我们聊得挺投缘的，我就去重庆去找她了，她和我一起到我家了。我妈把她给打了，打了几耳光，这叫什么事呀？这个家我是待不下去了……呜呜呜呜……

真是母子俩呀，连哭声都相近的悲恸而悠长。

"畅，你那边很吵，你找个安静的地方，我过十分钟给你打过去。"

"呜呜呜呜，好，呜呜呜呜，我等您电话。"

我挂了电话就给茜打过去了，电话立即接通，好像是在等我电话似的。

"畅给我打电话了。"

我故意不说畅在电话中说了什么。

"他还有脸给您打电话，真是越来越不像话了，刘老师呀，家门不幸呀，让您笑话呀。"

"具体什么事儿呀？"

"他带回来个狐狸精，我还能忍，更过分的是这个什么女人每天睡到十一点多，什么事也不干，把我这当成什么地方了，她是谁呀，总这样还不把我家畅给带坏了呀，这还得了吗，我气不过就打了她几巴掌。打就打了，反正我脾气也不好，畅倒好，恶人先告状呢。"茜的口气俨然是"得理不饶人"。

"哦，这样呀。好的，我知道了。先这样吧。"清官难断家务事，我不是清官，更难断这家务事了，更何况茜的口气让我觉得在她看来这件事压根就不用断，是非曲直已了然于胸。

接着，我拨通了畅的电话。

"安静些了，说说具体什么事？"

"我妈疯了，她凭什么打我女朋友？刘老师，您说她是不是太过分了？"畅还是怒气难息。

"为什么事呀？"

"什么事都没有呀，真的让我抓狂。"畅气急败坏的。

"那你现在在干什么呢？"

"我在火车站，准备买票呢。"

"事情都处理好了？"

"没事的，我也不是随便就能让人摆布的。"畅话里有话。

★★　★★　★★　★★　★★

我预感到更大的暴风雨可能即将来临，但我所能做的只有等待，此时的畅俨然是头爆红了眼的斗牛，言语的安抚无异于隔靴搔痒。

★★　★★　★★　★★　★★

"那你自己拿捏着分寸吧，有需要帮忙随时打我电话吧。"我当下只能做这么多了。

两个小时后。

"刘老师，出大事了！呜呜呜……"畅再次电我。

"能具体说说吗？"我平静地缓缓问道。

"我妈要把我扫地出门，还要与我断绝母子关系，我这是什么妈呀！？"畅很伤心地述说，每字每句都透着对妈妈的不解与痛恨，咬牙切齿，暴跳如雷。

★★　★★　★★　★★　★★

这时候我们需要听得很认真，在畅的话语中我捕捉到如下重要的信息：

1．"我妈要把我扫地出门"说明畅认为整个事件的"过错方"是妈妈，他如此遭遇简直是莫名其妙。从归因的角度说，畅属于"外归因者"——即遇事总是把原因或责任归于外在因素。对于情绪特别糟糕的沟通对象或者其生活中遭遇到重大的变故，我们就要特别注意他们的归因取向，对于外归因者我们尚可以适度"匡正"其"偏差"的认知，或者说可以适度的与其"戗着来"；但对于"内归因者"我们在第一时间所能做的就只能是"顺毛捋"——或者说是"安抚"、"安慰"、"理解"，要用诸如此类的言语"你大人有大量，这事怎么可能乱了你的心呢"、"听到你不开心，我真的很难受，我多么希望我能长出一双天使的翅膀，一下子飞到你的身边，替你分担一部分呀"、"先想想快乐的事，或做一些你喜欢的事，要么我给你在网上团一张电影票吧，换换心情，我们是孙悟空——没有过不去的火焰山"。"内归因者"更容易变成负面情绪的滋生乐园，一个不称心的事就会让其感觉到"我真的是倒霉呀，怎么坏事都被我遇上了，前两年的一件事也是类似的，别人都能行，为什么临到我头上就不行了呢，我真的是没有用呀，我怎么什么都做不好呢，我活着有什么价值呢，不如死了算啦！"，当然，为了说明问题我所做的描述有些极端，从中可以清晰地看到"内归因者"的思维方式，希望能引起家庭教育工作者与广大家长的注意；

2. "还要与我断绝母子关系"说明畅对于母亲与家庭是依恋的，也说明在畅的心目中对"大事"、"小事"是有着清晰认知的，说明在"这件事的认识方面"畅更为理智一些；

3. "我这是什么妈呀！？"这句话传达几层意思：（1）我妈这事做得过分了；（2）畅还有未尽的表达是"我这是什么妈呀，刘光应老师您劝劝她吧"；（3）还包含着另一层意思是"我这是什么妈呀，就不能像别人的妈妈那样理解孩子吗"；（4）还有，"我妈要把我扫地出门，还要与我断绝母子关系，我实在没有办法，您能帮帮我吗"。

☆☆　☆☆　☆☆　☆☆　☆☆

我：需要我做什么吗？

★★ ★★ ★★ ★★ ★★

请注意，我没有问"到底又发生什么事了"或"怎么回事呀"或"怎么会这样"等等，而是问"需要我做什么吗？"，因为，在畅的话语中"主干"是"求助"而不是"声讨"，我如此问话可以减轻畅的压力，也更有利于搞清事实，解决问题。

★★ ★★ ★★ ★★ ★★

畅：我只能去（北京）投奔您了，现在也只有您是值得我信任的人了。

我：你一行几个人？我没有任何犹豫地问道。

★★ ★★ ★★ ★★ ★★

此时，我不能有任何的犹豫，因为，畅已经是个23岁的小伙子了，我要想再持续给他"营养"，就不能把他当作个"孩子"，而是当作"朋友"，朋友在困难的时候，我们是要给予力所能及的帮助的。有时，我们家庭教育工作者很容易被自己的"角色"所困，总是很"原则性"的把我们的工作对象"拒之于千里之外"，而失去了本真的"人味儿"，借用陈虻的话"别做了主持人就不把自己当人了"。

★★ ★★ ★★ ★★ ★★

畅：我和我女朋友。

我：好的，你安排好就行，票买好了给我打个电话吧。

畅：票已经买好了。

我：这么快呀。

畅：您可能不知道，我妈让我买票将女朋友送回重庆去，我凭什么听她的呢？我说要去北京找您，就买了两张去北京的火车票，被妈妈发现了，就这样没完没了的吵，没完没了地闹，算我倒霉。这次太麻烦您了。

我：没关系的，把车次发给我，我去接你们。

畅：好的。

挂了电话，我就打电话给茜，把畅的安排告知于她，并告诉她我接下来的工作思路：

（1）引导畅正确对待学业，按时入学；

（2）协助畅理性看待与其女朋友的关系；

（3）合理安排好畅与其女朋友在北京的吃住行；

（4）帮助畅认识到今后相当一段时间其与其女朋友的生活、学习、工作中的现实问题，确立适合他们成长的相处模式。

茜很认同我的思路，并表达了由衷的谢意，但我们对"缘何会有这回事"都绝口不提，各有各的合理性，很容易理解，我知道还没有到解开这个结的时候。

北京西站。

畅与其女朋友。

畅并无太大的变化。畅的女友俪戴一副黑色的大得有些夸张的墨镜——就像明星逛商场戴的墨镜差不多，墨镜遮住了其大部分面庞，大概165cm的个头，身材姣好，长发飘飘，穿着时尚前卫，乍一看明星范十足。

把他们接到校区。

校区办公室。

我，畅，俪。

我：首先，感谢畅对我的信任，欢迎你们的到来。我想把我的一些"想法"向你们表达一下。

☆☆　☆☆　☆☆　☆☆　☆☆

其实应该说是要求，但我说是"想法"，因为"想法"是比较柔和的，在畅心存"投奔"阴影的状态下，我如果急于对他进行"教育"，会迎来"开门钉"的。

☆☆　☆☆　☆☆　☆☆　☆☆

我：在开学以前，我可以安排好你们的食宿；可以协助俪找到一个钟点类型的临时工做做；在畅开学以后，你们都要有各自的事情了，就不再需要我为你们安排食宿了；因为我这个校区只有一个女生宿舍，所以，俪就只能委屈一下与她们共享这个宿舍了；我这是个校区，同时也是个公共场所，所以，我对你们在校区内的交往有着很明确的规定，但凡在这个校区内，一天的24小时，你们都不得独处一室。可能，我的有些想法你们不太认同，为了我们能更愉快地度过这个阶段，这些都是必要的，畅能做到吗？

"好的。"虽然畅不太乐意，但他还是"挤出"笑容"愉快"地接受了。

畅与俪对我的"想法"很尊重，在我校期间，从未越矩。

开学了，畅与俪离开了，畅去报到，俪打工陪读。

临行前，畅找到我，诚恳请求我再给他支几招——关于如何与俪相处方面的。我早就想找畅聊聊这个话题了，只是苦于没有合适的时机，既然畅把这个时机创造出来了，我岂敢草率。

就这个问题，我给畅支了五招：

第一，认真对待。恋爱是极为严肃而珍贵的人生体验，要用心对待。你与俪的恋爱又有特殊性，首先，你现在是大学生，虽说也是可以结婚的，但那不是主流，也会影响学业，所以，我不建议你在大学阶段就与俪谈婚论嫁，而俪是个社会人员，她是完全具备结婚条件的，在这方面你们存在着差异；其次，俪年龄不小了，如果等你毕业后再结婚，俪将陪伴你度过她人生中非常重要的一个年龄——30岁，这对俪来说是个巨大的付出，对你来说是个不小的压力，所以，需要你认认真真想清楚你们之间的关系，要真心相爱，要以爱情为出发点以婚姻为落脚点，不可图一时的新鲜快乐；

第二，保持纯洁。你到了大学，就会有很多的闲暇时间，而俪又在你左右，你们相守相伴可能还达不到相依为命的程度，但日久情更深。我希望你能一直坚持住学校宿舍，保持一个大学生应有的青春、清纯、上进的良好状态，努力提升自己的学业水平，不要过早陷入为柴米油盐酱醋茶而烦心的二人世界；

第三，分清界限。无论如何也不让自己成为现代的陈世美，你们现在这样的情况，是具备让你成为现代陈世美的条件的。你在上学，她在工作，很容易进入她挣钱供你上学的循环，这样的生活不管持续多长时间，只要你们将来走不到一起，你都会被打上"现代陈世美"的烙印，这不是个什么好标记，还是不要的为好，所以，你最好是不要花她一分钱；

第四，保持和谐。我知道你不是娶了媳妇忘了娘的那种人，我也知道现在要让你立即和爸妈修复关系你也过不了心里的那道坎，但一定要想到主动修复与爸妈的关系，且越早越好。大学不比高中，在大学里拓展自己的人际关系视野，是很重要的，要搞好与老师、同学的关系，还要适当参与一些社会锻炼，你比同学们的经历丰富，这是你的优势，要利用这个优势，为自己的成长营造一片晴空；

第五，相信朋友。这个阶段是你最困难的阶段，我会站在你的身边给你一些协助，有需要我帮助的地方就给我打个电话，别太委屈自己，成功需要点滴的积累，是个过程，只要一直坚持前行，一直保持正向积累，成功就在我们的把握中。

时光如梭，很快就到了国庆节。畅打电话给我说想来听听我给家长讲课，顺便和我聊聊。我明白的，听课是其次。

课余，畅找到我。此时的畅，满脸满嘴满下巴满腮都是两厘米左右的胡茬，看上去艺术而沧桑，眉宇间皱着心事，嘴角边挂着愁苦。

畅：刘老师，我很累呀，您能理解吗？

我：可能不能完全理解，但完全看出来了。

畅：我想请您再给我提几点建议，就像那时我住在您学校时的那种。

我：呵呵，别一上来就搞得这么严肃嘛，先喝点茶，闲聊一会儿。学校的饭菜怎么样呀，适应吗？

★★　★★　★★　★★　★★

当求助者对我们充分认可时，他往往会向我们发出很具体的求助信息，这时，我们往往会忽略对问题的采集，忽略对求助者近阶段状况的了解，而仅仅凭借过往的经验或过往的信息，直接给予很多具体的意见与建议。而这样的意见与建议很可能让求助者有"隔靴搔痒的感觉"，这种感觉还有"挽救"的余地，但如果他有了"被应付的感觉"，那就大事不妙了，一次这样的感觉就足以毁掉我们辛辛苦苦建立起来的信任城堡，害人害己。所以，不管我们对求助者再熟悉，在面临比较具体而重要的问题时，我们都要先慢半拍，先妥当的让求助者的"近阶段的状况"水落石出，我们再"踏着石头过河"，事半功倍矣！

★★　★★　★★　★★　★★

畅：还可以，比我原来的大学好多了。

我：现在的同学怎么样？

★★　★★　★★　★★　★★

这句话其实是想问与同学关系怎么样，但我想让畅平静下来，所以，话问得比较柔和。

★★　★★　★★　★★　★★

畅：挺好的。我们相处都挺好的。

我：不错嘛，大学的日子挺滋润嘛！爸妈身体怎样？

畅：不知道，我没有和他们联系。我还想问问您呢。

我：哦，对不起，我也没有和他们联系。你想知道吗，想知道的话，我现在给他们打个电话。

畅：随便吧。

★★ ★★ ★★ ★★ ★★

但看得出来，畅是很想知道爸妈身体状况的，毕竟，畅的父亲身体不太好，只是，畅还是抹不开面子，毕竟他是被妈妈扫地出门的。这个信息很重要的。

★★ ★★ ★★ ★★ ★★

我：我打个电话吧，毕竟，我也很久没有和他们通过电话了，我也很想知道你爸妈身体状况如何，说你在我身边吗？

畅：先不说吧。

我：如果他们问起来你呢？

畅：您就说我给您打过电话，说我挺好的，让他们别担心我。还说我这几天要来找您。

我：好的。

与畅母亲的电话接通，免提开通。

茜：哦，刘老师，国庆节快乐！

恩：国庆节同乐！

茜：我还说要给您打电话呢，真是太好了，您先把电话打来了。最近，畅你们有联系吗？

恩：有联系。畅过几天要来看我，我们通过电话的，他说他很好，让我告诉你们不要担心他。

茜：呜呜呜呜……

刘：（无语）

茜：呜……我这个孩子就是个死心眼呀，我说与他断绝母子关系，那不过是句气话，他怎么就不理解呢。害得我们这些天吃不好睡不好的，您说我这是造得什么孽呀？

刘：您对孩子的牵挂与关心我会替您传达到，请放心。过几天畅来找我，有什么话想对畅说的，我帮您一并传达。

茜：刘老师呀，您就跟他说：不是爸妈狠心，是不懂教育，是我们野蛮冲动，请他原谅爸妈；爸妈不是想与他断绝关系，那也是气话，现在上学是首要的，我们还是供他上学的，我们想给他打些生活费；我和他爸也商量了，他与那女孩子的事情，我们也不干涉了，他也大了，成人了，这事情就让他自己把握吧；刘老师您见到畅的时候一定嘱咐他好好学习哦，已经耽误几年了，不能再有什么闪失了，年龄不饶人呀，他已经比同学大好几岁了；他爸身体不好，您要是能劝劝孩子抽空回来看看他爸，那就更好了……

我：好的，您放心好了，我一定传达到。那您也多注意身体，代我向畅的父亲问好，拜拜！

挂断电话，我很自然地把自己拉回到品茶状态——轻松，陶醉，专注，享受，一言不发。

• 女神竟是如此！

时间，凝固了。

畅：我该怎么办呀？

我：你指哪个方面？

畅：当然是与女朋友呀？

我：最近与女朋友相处得怎样？

☆☆　☆☆　☆☆　☆☆　☆☆

还在了解"近期状态"，每当我们还不能很清晰的给出意见与建议时，采集信息是最为明智的选择，"没完没了的采集信息"应该是深入到我们骨髓里的思维。

☆☆　☆☆　☆☆　☆☆　☆☆

畅：怪怪的，说不上来。

恩：是谁怪怪的呀，是你还是她，还是你们都怪怪的？

畅：都怪怪的。

我：先说说她怎么怪怪的吧？

畅：她在学校附近租的房子，她一直想让我搬过去住，我没有去，她有些不高兴。

我：哦。

畅：我没有搬过去，她可能觉得我不是真心对她的吧？

我：哦。

畅：她总想让我陪她在校园里走走，我觉得挺不好意思的，让同学们看见，他们会怎么看我呀。哪有上大一就带着老婆来陪读的，多难为情呀！？

我：哦。

畅：不带她吧，她说我是嫌她长得丑，还说我嫌她年龄大，还说我想泡同学妹……整天都是这些乱七八糟的琐事，真的很心烦，您也知道我根本就不是那种人嘛！

我：哦。

畅：有时候和同学们打球晚了，她也是怀疑这怀疑那，您说烦不烦呀？

我：哦。

畅：刘老师您说得对，好在我没有花她一分钱，不然真的成为陈世美了，郁闷呀，不花她钱她也不开心，说我不是真心对她，说我是把她当作外人，甚至还有更难听的话。哎，要是真的花了她的钱还真是不好呢。

我：哦。

畅：刘老师，我该怎么办呀？

我：你做得挺好的了。

畅：您就别这么说了，我都快烦死了，您一定得帮帮我呀。

我：你一直坚持在学校住是对的，这一点我高看你。

畅：这不是您的功劳吗，怎么就高看我了？

我：说和做是两码事儿，话好说，事难做！

畅：您再给我支几招吧。

我：你能坚持不花她一分钱，这一点更难。我知道这段时间你过得挺难的，但你还是做到了，这一点做得够爷们，我同样高看你。

畅：这都是之前您教我的嘛。

我：你能够抽出时间与同学运动运动，这也挺好的。

畅：这是最基本的，您不能拿弱智的标准来看我吧？！

我：其实，你做到这些就不应该有困惑了呀，怎么还愁眉苦脸的呢？

畅：我们整天都是矛盾一大堆，我不知道接下来该怎么办呀？

我：什么意思？

☆☆　☆☆　☆☆　☆☆　☆☆

　　畅是个很聪明的小伙子，他的这个问题是有陷阱的，他想试探我的态度，因为"怎么办？"可以理解为"我到底该怎么与她相处呀？"或"我到底还要不要与她相处呀？"或"我该如何对待与她的关系呀？"等等不同的层面，我在没有弄清楚之前的所出具的任何答案都是不妥当的。

☆☆　☆☆　☆☆　☆☆　☆☆

畅：我们之间还是有感情的，但我感觉太累了。

我：你怎么个想法？

畅：我也想好好与她相处，但我感觉我们之间好像有了裂痕，为什么会这样，我很纳闷呀。上一次您给我支的招挺管用的，所以，这次您再给我支几招？

我：上次给你支的几招，你的确是做得挺好，但有一招被你忽略了，你觉得呢？

畅：我知道，但我也一直在努力呀，虽然我没有主动打电话与爸妈和好，但我现在也没有以前那么恨他们了。

我：我相信。如果在你与你女朋友的关系层面上，加入你对他们情绪、情感、态度的关照、交流与理解，那就更完美了，这个层面很重要的，你觉得呢？

畅：我也知道这很重要，但我该怎么做呢？

我：你可以间接的做到。

畅：什么意思呢？

我：在我理解是这样的，之所以你妈妈与俪会产生冲突，是因为他们之间有误会，引起误会的因素很多，诸如双方之间了解太少、缺少沟通、缺少信任、缺少安全感、不能相互理解与包容等等，而你可以通过加强你爸妈对俪的了解，让你爸妈对俪有安全感，这事就好办了。其实，你对俪也不是很了解吧，这也是你为何烦恼的重要原因之一，对吧？

畅：您怎么知道？

我：人之常情呀，兵家讲知己知彼百战不殆，爱情也讲究个"明明白白我的心，明明白白才是真"呀。我觉得俪对你是够了解的了，她知道你家在哪，见过你爸妈，到过你学校，认识你最好的朋友——我，这些都是她亲眼所见的。而你却对她知之甚少，所有知道的内容也都仅限于俪的描述，所以，你烦呀，不仅是你，换作别人也是同样的。

畅：那我怎么办呀？

我：当然是向俪学习啦。

畅：我也到她家里去看看吗？

我：这样做恰恰是你敢于负责任的表现。

畅：那我知道了。您说我怎么能更好地与她相处呢？

我：呵呵，那我还是给你支几招吧。

畅：好嘞！我洗耳恭听。

我：第一，认真对待。第二，保持纯洁。第三，分清界限。第四，促成和谐前三点你做得都很好，所以，你内心里没有内疚感。如果你能够在你与俪、你父母、俪父母之间促成和谐相处的局面，你的烦恼也就烟消云散了。我建议你与俪商量，寒假你去她家过年，也进一步了解俪的生活，看看她的家人对你是什么态度，同时也能打消你与你爸妈的顾虑，一举两得，一石三鸟。第五，相信朋友。第六，一定坚持把大学上出质量。

拿到大学毕业证不难，难的是全面提升自己的能力，从认真对待自己的学业开始，认真对待身边的每一个人，每一件事，这样就能把大学上出质量，大学上得有质量，后面的好事就会接踵而来。

这就是我的观点。

畅：记住了，放心吧，您嘞！

畅带着轻松，满意而归。

两个月后的一天下午，我接到了畅的来电，畅说他坚持"促成和谐"但俪死活都不同意，他觉得俪有难言之隐，他已经尝试着去理解俪，但俪还是紧紧地包裹着自己，他感觉到俪不想让他介入她的家庭。畅还说自从他明确提出春节一定到俪家过年后，俪在疏远他，这让他不寒而栗，他感觉俪的不一般，这种感觉一天一天地在放大，俪也在回避他。他们再也回不去了，最终还是俪提出了分手，之后，俪便消失在他的生活里，像是蒸发，不着痕迹。畅说他心中没有恨，只有感谢，感谢俪在他最失意的时候给了他很大的帮助，这段时间畅觉得自己长大了很多，这有俪的功劳。畅说他已经不再恨妈妈了，他把妈妈的行为定位为"保护过当"，妈妈曾经给了他伤害，但他给了妈妈更大的伤害，所以，还应该感谢妈妈。最后，畅说他最要感谢的人是我，因为我不是他的父母，却在他最无助的时刻给了他最贴心的帮助，并教会了他很多为人处世的方法。

听着畅的一席话，我感觉就像听一个奥斯卡最佳男演员的获奖感言，满嘴都是感谢，丝毫不提自己的挣扎与努力，这一刻，整个事情在畅的心里基本上被"合理化"了，我那颗悬着的心也落下了。

太阳照常升起，美好的日子还在一天接一天的伸展。

没有俪的日子里，畅与父母促成了和谐，更难能可贵的是畅是主动的一方。为此，茜给我打了很多电话，在电话的那一头流下了很多感动与幸福的泪水。

附件一：

和谐家庭建设 & 成才教育信息表

第一项　填表须知

1. 我们对您所填写的任何内容都会向与本中心无关的任何第三方保密；

2. 请如实填写本分析表所涉及的每一项内容；

3. 如某些问题项涉及您的隐私，而这个问题又恰对孩子的成长产生重大影响，您不便在电子文档纸上呈现这些，请与本中心资深青少年成长规划师单独面谈；

4. 本中心保留您资料的唯一目的就是为您的家庭与孩子提供长久的后续跟踪辅导服务；

5. 本表中所涉及的称谓中，**父亲即为孩子父亲，母亲即为孩子母亲，爷爷即为孩子爷爷，奶奶即为孩子奶奶**，以此类推，不再赘述。

第二项　父亲及与父亲相关的因素对孩子成长影响分析表

一、父亲姓名：_____出生年月：_____民族：_____党派：_____

宗教信仰：_____出生地：_____居住地：_____最高学历：_____

工作单位：_____职位：_____手机号：_____

二、父亲出生描述

1. 爷爷奶奶夫妻关系描述

2．爷爷奶奶家庭经济状况及职业状况描述

3．爷爷奶奶各自在其家族中发展状况描述

4．爷爷奶奶在家庭中地位（经济主导地位，情绪主导地位，在家庭中的综合影响地位）

5．爷爷奶奶家族中所发生的重大事件对父亲的影响

6．爷爷奶奶所出生家族地位比较

三、父亲18岁之前的成长环境描述

1．父亲18岁之前所接受的教育描述情况

2．父亲18岁之前兄弟姐妹关系环境及各自成长状况

3．父亲18岁之前所体会到的家庭教育描述

4. 父亲18岁之前的伙伴环境分析

四、父亲18岁至婚前成长状况

1. 最高学历及受教育状况

2. 恋爱要史（婚前与孩子母亲的关系描述）

3. 当时父亲的受教育程度，综合能力，经济基础等在兄弟姐妹中、家族中、当地社区或县市中的对比状况描述

4. 请简要描述父亲在成长过程中因为个人"任性"或"逆反"而失去的重大机会

五、父亲婚后至今状况

1. 父亲婚后事业发展状况（与兄弟姐妹、妻子、妻子的兄弟姐妹、朋友伙伴比较）

2. 夫妻情感由"爱情"至"亲情"演变过程中的情感困顿或波折

3. 父亲对孩子的陪伴

A. 幼儿阶段陪伴孩子状况描述（物理陪伴也叫身体陪伴；思想陪伴也叫思想影响；父亲与母亲对孩子陪伴状况对比）

B. 小学阶段陪伴孩子状描述（隔代教育状况，父亲与母亲对孩子教育理念的根本分歧，身体陪伴，思想陪伴、父亲与母亲对孩子陪伴状况对比）

隔代教育状况

父亲与母亲对孩子教育理念的根本分歧

父亲对孩子的身体陪伴

父亲对孩子的思想陪伴

母亲对孩子的身体陪伴

母亲对孩子的思想陪伴

父亲与母亲对孩子陪伴状况对比

C. 孩子初中阶段（隔代教育状况，父亲与母亲对孩子教育理念的根本分歧，物理陪伴，思想陪伴、父亲与母亲对孩子陪伴状况对比）

隔代教育状况

父亲与母亲对孩子教育理念的根本分歧

父亲对孩子的身体陪伴

父亲对孩子的思想陪伴

母亲对孩子的身体陪伴

母亲对孩子的思想陪伴

D. 孩子高中阶段（隔代教育状况，父亲与母亲对孩子教育理念的根本分歧，物理陪伴，思想陪伴、父亲与母亲对孩子陪伴状况对比）

隔代教育状况

父亲与母亲对孩子教育理念的根本分歧

父亲对孩子的身体陪伴

父亲对孩子的思想陪伴

母亲对孩子的身体陪伴

母亲对孩子的思想陪伴

E. 孩子大学阶段

隔代教育状况

父亲与母亲对孩子教育理念的根本分歧

父亲对孩子的身体陪伴

父亲对孩子的思想陪伴

母亲对孩子的身体陪伴

母亲对孩子的思想陪伴

F. 孩子大学后阶段

隔代教育状况

父亲与母亲对孩子教育理念的根本分歧

父亲对孩子的身体陪伴

父亲对孩子的思想陪伴

母亲对孩子的身体陪伴

母亲对孩子的思想陪伴

六、父亲的主要教育思想

（1）

（2）

（3）

七、父亲的团队描述及父亲团队对孩子的影响

（父亲的团队包括父亲的长辈、同辈、晚辈、朋友、同事、社会关系团队等）

父亲的长辈对孩子的影响

父亲的同辈对孩子的影响

父亲的晚辈对孩子的影响

父亲的朋友对孩子的影响

父亲的同事对孩子的影响

父亲的社会关系团队对孩子的影响

八、父亲的优良品质、不良习气及其对孩子的影响

父亲的优良品质对孩子的影响

　　1. _____

　　2. _____

　　3. _____

父亲的不良习气对孩子的影响

　　1. _____

　　2. _____

　　3. _____

九、父亲的兴趣爱好及其对孩子的影响

　　1. _____

　　2. _____

　　3. _____

十、父亲所经历的重大事件及其对孩子的影响

　　1. _____

　　2. _____

　　3. _____

十一、父亲所拥有的资源对孩子的职业视野或职业选择有何影响

　　1. _____

　　2. _____

　　3. _____

第三项　母亲及与母亲相关的因素对孩子成长影响分析表

一、母亲姓名：_____出生年月：_____民族：_____党派：_____

宗教信仰：_____出生地：_____居住地：_____最高学历：_____

工作单位：_____职位：_____手机号：_____

二、母亲出生描述

1. 姥姥姥爷夫妻关系描述

2. 姥姥姥爷家庭经济状况及职业状况描述

3. 姥姥姥爷各自在其家族中发展状况描述

4. 姥姥姥爷在家庭中地位（经济主导地位，情绪主导地位，家庭综合影响地位）

5. 姥姥姥爷家族中所发生的重大事件对父亲的影响

6. 姥姥姥爷所出生家族地位比较

三、母亲18岁之前的成长环境描述

1．母亲18岁之前所接受的教育描述情况

2．母亲18岁之前兄弟姐妹关系环境及各自成长状况

3．母亲18岁之前所体会到的家庭教育描述

4．母亲18岁之前的伙伴环境分析

四、母亲18岁至婚前成长状况

1．最高学历及受教育状况

2．恋爱要史（婚前与孩子父亲的关系描述）

3．当时母亲的受教育程度，综合能力，经济基础等在兄弟姐妹中、家族中、当地社区或县市中的对比状况描述

4．请简要描述母亲在成长过程中因为个人"任性"或"逆反"而失去的重大机会

五、母亲婚后至今状况

1. 母亲婚后事业发展状况（与兄弟姐妹、妻子、妻子的兄弟姐妹、朋友伙伴比较）

2. 夫妻情感由"爱情"至"亲情"演变过程中的情感困顿或波折

3. 母亲的主要教育思想

（1）

（2）

（3）

六、母亲的主要教育思想

（1）

（2）

（3）

七、母亲的团队描述及父亲团队对孩子的影响

母亲的长辈对孩子的影响

母亲的同辈对孩子的影响

母亲的晚辈对孩子的影响

母亲的朋友对孩子的影响

母亲的同事对孩子的影响

母亲的社会关系团队对孩子的影响

八、母亲的优良品质、不良习气及其对孩子的影响

母亲的优良品质对孩子的影响

    1. ＿＿＿＿＿＿＿＿＿＿＿＿＿＿＿＿＿＿＿＿＿＿＿

    2. ＿＿＿＿＿＿＿＿＿＿＿＿＿＿＿＿＿＿＿＿＿＿＿

    3. ＿＿＿＿＿＿＿＿＿＿＿＿＿＿＿＿＿＿＿＿＿＿＿

母亲的不良习气对孩子的影响

    1. ＿＿＿＿＿＿＿＿＿＿＿＿＿＿＿＿＿＿＿＿＿＿＿

    2. ＿＿＿＿＿＿＿＿＿＿＿＿＿＿＿＿＿＿＿＿＿＿＿

    3. ＿＿＿＿＿＿＿＿＿＿＿＿＿＿＿＿＿＿＿＿＿＿＿

九、母亲的兴趣爱好及其对孩子的影响

    1. ＿＿＿＿＿＿＿＿＿＿＿＿＿＿＿＿＿＿＿＿＿＿＿

    2. ＿＿＿＿＿＿＿＿＿＿＿＿＿＿＿＿＿＿＿＿＿＿＿

    3. ＿＿＿＿＿＿＿＿＿＿＿＿＿＿＿＿＿＿＿＿＿＿＿

十、母亲所经历的重大事件及其对孩子的影响

    1. ＿＿＿＿＿＿＿＿＿＿＿＿＿＿＿＿＿＿＿＿＿＿＿

    2. ＿＿＿＿＿＿＿＿＿＿＿＿＿＿＿＿＿＿＿＿＿＿＿

    3. ＿＿＿＿＿＿＿＿＿＿＿＿＿＿＿＿＿＿＿＿＿＿＿

十一、亲所拥有的资源对孩子的职业视野或职业选择有何影响

    1. ＿＿＿＿＿＿＿＿＿＿＿＿＿＿＿＿＿＿＿＿＿＿＿

    2. ＿＿＿＿＿＿＿＿＿＿＿＿＿＿＿＿＿＿＿＿＿＿＿

    3. ＿＿＿＿＿＿＿＿＿＿＿＿＿＿＿＿＿＿＿＿＿＿＿

第四项　孩子在各阶段成长状况描述

姓名：_____　性别：_____　民族：_____　目前最高学历：_____

手机号_____　孩子出生年月日_____

幼儿阶段

1．小学阶段

（1）家族中对孩子产生过重要影响的人与事（孩子最敬佩谁。最憎恶谁，对什么事情最赞赏。对什么事很鄙视）

（2）社会中对孩子产生过重要影响的人与事（孩子最敬佩谁。最憎恶谁，对什么事情最赞赏。对什么事很鄙视）

（3）学校中对孩子产生过重要影响的人与事（孩子最敬佩谁。最憎恶谁，对什么事情最赞赏。对什么事很鄙视）

（4）孩子的兴趣爱好、特长描述（重点描述孩子对某个爱好感兴趣能坚持的时间长短。请重点描述）

（5）孩子的人际关系描述（尊长人际关系、平行人际关系、下延人际关系）

（6）孩子日常消费描述（主要向谁要钱，孩子的花销与同学相比处于何水平，不给钱或没有完全满足孩子需求是，孩子的表现如何）

（7）孩子各科成绩状况描述中（重点描述成绩突出的科目与成绩茶的科目，并详细分析其中原因）

（8）孩子的优良品质描述

（9）孩子的不良习性描述

（10）孩子的自然视野（去哪些地方旅游过，孩子感受如何）

（11）职业视野（孩子和哪些行业的成功人士接触过，对孩子有何影响）

（12）人际关系视野

　　　孩子有没有应用父母或家族人际关系的想法与做法

　　　孩子喜欢与哪个类型的同龄人相处

（13）资源视野描述（孩子主动把握或争取过什么机会）

（14）家里有无电脑。若有电脑

　A．孩子上电脑玩游戏的时间的长短，请详细描述

　B．对上网玩游戏的迷恋程度

　C．玩网游对孩子性格的影响

　D．玩网游对孩子学习成绩的影响

　E．玩网游对孩子平行人际关系的影响

　F．玩网游对孩子与家长，师长关系的影响

　G．孩子上网主要做什么

　H．孩子有以网游或网络经济座位事业的想法吗？

　I．孩子的网游伙伴的状况如何

　J．家长限制上网时间后孩子的反应

　K．家长停掉网络或撤掉电脑后孩子的反应

　L．孩子去网吧的情况描述

　M．其他补充说明

（15）您认为孩子理性吗？您是如何做这个判断的？

（16）孩子与家长最严重的冲突是什么？请详细描述当时状况

（17）曾经请什么人或单位与孩子做过心理咨询或沟通工作，效果如何

（18）孩子有哪些积极的社会锻炼或生活体验

（19）孩子做家务吗？请详细描述

（20）孩子犯了错或遇到成长挫折总是把原因归为自己还是别人

2．初中阶段

（1）家族中对孩子产生过重要影响的人与事（孩子最敬佩谁。最憎恶谁，对

什么事情最赞赏。对什么事很鄙视）

（2）社会中对孩子产生过重要影响的人与事（孩子最敬佩谁。最憎恶谁，对什么事情最赞赏。对什么事很鄙视）

（3）学校中对孩子产生过重要影响的人与事（孩子最敬佩谁。最憎恶谁，对什么事情最赞赏。对什么事很鄙视）

（4）孩子的兴趣爱好特长描述（重点描述孩子对某个爱好感兴趣能坚持的时间长短。请重点描述）

（5）孩子的人际关系描述（尊长人际关系、平行人际关系、下延人际关系）

（6）孩子日常消费描述（主要向谁要钱，孩子的花销与同学相比处于何水平，不给钱或没有完全满足孩子需求是，孩子的表现如何）

（7）孩子各科成绩状况描述中（重点描述成绩突出的科目与成绩茶的科目，并详细分析其中原因）

（8）孩子的优良品质描述

（9）孩子的不良习性描述

（10）孩子的自然视野（去哪些地方旅游过，孩子感受如何）

（11）职业视野（孩子和哪些行业的成功人士接触过，对孩子有何影响）

（12）人际关系视野

　　孩子有没有应用父母或家族人际关系的想法与做法

　　孩子喜欢与哪个类型的同龄人相处

（13）资源视野描述（孩子主动把握或争取过什么机会）

（14）家里有无电脑。若有电脑

　A. 孩子上电脑玩游戏的时间的长短，请详细描

　B. 对上网玩游戏的迷恋程度

　C. 玩网游对孩子性格的影响

　D. 玩网游对孩子学习成绩的影响

　E. 玩网游对孩子平行人际关系的影响

　F. 玩网游对孩子与家长，师长关系的影响

　　G．孩子上网主要做什么

　　H．孩子有以网游或网络经济座位事业的想法吗？

　　I．孩子的网游伙伴的状况如何

　　J．家长限制上网时间后孩子的反应

　　K．家长停掉网络或撤掉电脑后孩子的反应

　　L．孩子去网吧的情况描述

　　M．其他补充说

（15）您认为孩子理性吗？您是如何做这个判断的？

（16）孩子与家长最严重的冲突是什么？请详细描述当时状况

（17）曾经请什么人或单位与孩子做过心理咨询或沟通工作，效果如何？

（18）孩子有哪些积极的社会锻炼或生活体验

（19）孩子做家务吗？请详细描述

（20）孩子犯了错或遇到成长挫折总是把原因归为自己还是别人

3.　高中阶段

（1）家族中对孩子产生过重要影响的人与事（孩子最敬佩谁。最憎恶谁，对什么事情最赞赏。对什么事很鄙视）

（2）社会中对孩子产生过重要影响的人与事（孩子最敬佩谁。最憎恶谁，对什么事情最赞赏。对什么事很鄙视）

（3）学校中对孩子产生过重要影响的人与事（孩子最敬佩谁。最憎恶谁，对什么事情最赞赏。对什么事很鄙视）

（4）孩子的兴趣爱好、特长描述（重点描述孩子对某个爱好感兴趣能坚持的时间长短。请重点描述）

（5）孩子的人际关系描述（尊长人际关系、平行人际关系、下延人际关系）

（6）孩子日常消费描述（主要向谁要钱，孩子的花销与同学相比处于何水平，不给钱或没有完全满足孩子需求是，孩子的表现如何）

（7）孩子各科成绩状况描述中（重点描述成绩突出的科目与成绩茶的科目，

并详细分析其中原因）

  （8）孩子的优良品质描述

  （9）孩子的不良习性描述

  （10）孩子的自然视野（去哪些地方旅游过，孩子感受如何）

  （11）职业视野（孩子和哪些行业的成功人士接触过，对孩子有何影响）

  （12）人际关系视野

    孩子有没有应用父母或家族人际关系的想法与做法

    孩子喜欢与哪个类型的同龄人相处

  （13）资源视野描述（孩子主动把握或争取过什么机会）

  （14）家里有无电脑。若有电脑

  A. 孩子上电脑玩游戏的时间的长短，请详细描述

  B. 对上网玩游戏的迷恋程度

  C. 玩网游对孩子性格的影响

  D. 玩网游对孩子学习成绩的影响

  E. 玩网游对孩子平行人际关系的影响

  F. 玩网游对孩子与家长，师长关系的影响

  G. 孩子上网主要做什么

  H. 孩子有以网游或网络经济座位事业的想法吗？

  I. 孩子的网游伙伴的状况如何

  J. 家长限制上网时间后孩子的反应

  K. 家长停掉网络或撤掉电脑后孩子的反应

  L. 孩子去网吧的情况描述

  M. 其他补充说明

  （15）您认为孩子理性吗？您是如何做这个判断的？

  （16）孩子与家长最严重的冲突是什么？请详细描述当时状况

  （17）曾经请什么人或单位与孩子做过心理咨询或沟通工作，效果如何？

  （18）孩子有哪些积极的社会锻炼或生活体验

（19）孩子做家务吗？请详细描述

（20）孩子犯了错或遇到成长挫折总是把原因归为自己还是别人

4. 大学阶段及大学后阶段

（1）家族中对孩子产生过重要影响的人与事（孩子最敬佩谁。最憎恶谁，对什么事情最赞赏。对什么事很鄙视）

（2）社会中对孩子产生过重要影响的人与事（孩子最敬佩谁。最憎恶谁，对什么事情最赞赏。对什么事很鄙视）

（3）学校中对孩子产生过重要影响的人与事（孩子最敬佩谁。最憎恶谁，对什么事情最赞赏。对什么事很鄙视）

（4）孩子的兴趣爱好、特长描述（重点描述孩子对某个爱好感兴趣能坚持的时间长短。请重点描述）

（5）孩子的人际关系描述（尊长人际关系、平行人际关系、下延人际关系）

（6）孩子日常消费描述（主要向谁要钱，孩子的花销与同学相比处于何水平，不给钱或没有完全满足孩子需求是，孩子的表现如何）

（7）孩子各科成绩状况描述中（重点描述成绩突出的科目与成绩茶的科目，并详细分析其中原因）

（8）孩子的优良品质描述

（9）孩子的不良习性描述

（10）孩子的自然视野（去哪些地方旅游过，孩子感受如何）

（11）职业视野（孩子和哪些行业的成功人士接触过，对孩子有何影响）

（12）人际关系视野

　　孩子有没有应用父母或家族人际关系的想法与做法

　　孩子喜欢与哪个类型的同龄人相处

（13）资源视野描述（孩子主动把握或争取过什么机会）

（14）家里有无电脑。若有电脑

　A. 孩子上电脑玩游戏的时间的长短，请详细描述

B．对上网玩游戏的迷恋程度

C．玩网游对孩子性格的影响

D．玩网游对孩子学习成绩的影响

E．玩网游对孩子平行人际关系的影响

F．玩网游对孩子与家长，师长关系的影响

G．孩子上网主要做什么

H．孩子有以网游或网络经济座位事业的想法吗？

I．孩子的网游伙伴的状况如何

J．家长限制上网时间后孩子的反应

K．家长停掉网络或撤掉电脑后孩子的反应

L．孩子去网吧的情况描述

M．其他补充说明

（15）您认为孩子理性吗？您是如何做这个判断的？

（16）孩子与家长最严重的冲突是什么？请详细描述当时状况

（17）曾经请什么人或单位与孩子做过心理咨询或沟通工作，效果如何？

（18）孩子有哪些积极的社会锻炼或生活体验

（19）孩子做家务吗？请详细描述

（20）孩子犯了错或遇到成长挫折总是把原因归为自己还是别人

（21）孩子在_____大学学_____专业_____年级

（22）大学专业情况描述

（23）孩子对他／她考的这所大学是否满意，能否适应大学生活

（24）对孩子大学及大学以后情况的补充

第五项　其他重要补充

1. ＿＿＿＿＿＿＿＿＿＿＿＿＿＿＿＿＿＿＿＿＿＿＿＿＿＿＿＿

2. ＿＿＿＿＿＿＿＿＿＿＿＿＿＿＿＿＿＿＿＿＿＿＿＿＿＿＿＿

3. ＿＿＿＿＿＿＿＿＿＿＿＿＿＿＿＿＿＿＿＿＿＿＿＿＿＿＿＿

第六项 家长朋友们的期望

您希望我们如何帮助您的家庭＿＿＿＿＿＿＿＿＿＿＿

＿＿＿＿＿＿＿＿＿＿＿＿＿＿＿＿＿＿＿＿＿

您认为我从何话题入手或从那个角度入手才能与孩子谈在一起＿＿＿＿

＿＿＿＿＿＿＿＿＿＿＿＿＿＿＿＿＿＿＿＿＿

第七项 和谐家庭建设工作者的补充问题

1. ＿＿＿＿＿＿＿＿＿＿＿＿＿＿＿＿

2. ＿＿＿＿＿＿＿＿＿＿＿＿＿＿＿＿

3. ＿＿＿＿＿＿＿＿＿＿＿＿＿＿＿＿

第八项 和谐家庭建设工作者的咨询意见与建议

1. ＿＿＿＿＿＿＿＿＿＿＿＿＿＿＿＿

2. ＿＿＿＿＿＿＿＿＿＿＿＿＿＿＿＿

3. ＿＿＿＿＿＿＿＿＿＿＿＿＿＿＿＿

附件二：

和谐家庭建设&成才教育四日课课程表

和谐家庭建设&成才教育四日课

时间安排		活动内容
第一天	9:00 — 12:00	1. 案例解析：合格母亲的基本素养 （合格的母亲给孩子传递幸福感） 2. 理论与实践：揭开伟大母亲的密码 （伟大的母亲协助老公给孩子传递使命感） 3. 深度剖析：如何持久做到与孩子心灵相通 （了解孩子心理成长特点，智慧满足孩子心理需求） 4. 课后作业：及时巩固与提升 （应用刘光应老师家庭和谐建设&成才教育的系统理念，<u>（母亲）</u>逐条写出自己的理解与感悟，找到自己要提升的空间，并拟定出切实可行的提升计划；<u>（孩子）</u>找到母亲急需改正与提高的环节，并提出自己对母亲改正的期望，书面形式递交给母亲；<u>（父亲）</u>写出自己如何帮助妻子做个合格而伟大的母亲，如何协助妻子更好地与孩子沟通）
	14:30 — 17:30	1. 答疑解惑：现场互动，正本溯源，取得真知 （与所有与会者充分互动，对上午留下的作业进行针对性的探讨，畅所欲言，针锋相对，纠正错误观念，形成新的认知） 2. 跨越伟大的阶梯：母爱与时俱进，成就伟大母亲 （不同年龄段的孩子，对母爱需求的内容与方式都有很大的区别，这都需要各位母亲们动态学习与掌握孩子的心理特征，引领孩子健康成长） 3. 心灵的重塑：挣脱心灵的枷锁，为幸福成己达人 （心随境转，生活中诸多的不如意时刻冲击着心灵幸福的堤坝，撼动着我们固守的幸福磐石，不知不觉中几近崩溃边缘；造化弄人，曾经的放纵与懈怠已经让人生理想打折，现实的跌打磕碰使人心灰意冷，无意识中我们已经把自己的人生理想寄托与别人，如何重执心灵幸福之牛耳，引领家人步入理想人生的殿堂，是伟大母亲必修的心路） 4. 实用才是硬道理：扭转被动局面，开创和谐篇章 （净化自己，努力让自己先幸福起来；充实自己，掌握做伟大母亲的必要知识与技能；散发自己，以正能量带动自己的家人共同进步，这都需要每位母亲学习和掌握一些必要的知识与技能） 5. 课后作业：及时巩固与提升 参考刘光应老师《做个引领孩子成才的好妈妈》的相关章节，<u>母亲</u>逐条写出自己的理解与感悟，找到自己要提升的空间，并拟定出切实可行的提升计划；<u>孩子</u>找到母亲急需改正与提高的环节，并提出自己对母亲改正的期望，书面形式递交给母亲；<u>父亲</u>写出自己如何帮助妻子做个合格而伟大的母亲，如何协助妻子更好地与孩子心灵相通

第一天	19：30 — 21：30	茶话会：齐心协力，成就伟大母亲 1．我想问 （心中困惑，一解了之） 2．我想听 （它山之石，可以攻玉） 3．我想说 （我想说：孩子，我真的很爱你） 4．我想谈 （你希望我怎么样；你能如何如何我会更开心） 5．我想改 （为了更好地爱你，我要这样的改进自己） 6．我想做 （1）我想这么做； （2）我以这种方式保证做到； （3）我以这种方式坚持做 茶话会成果巩固： 1．母亲坚持写心态修整日记、个人成长日记、家庭成长日记； 2．制作并严格执行家庭成长方案
第二天	9：00 — 12：00	1．教育子女之前的必修课 （1）获得被教育者的积极认可是教育起正面作用的前提条件； （2）被教育者对教育者认可的四个层次：性格认可、行为方式认可、人格认可、引导认可； （3）教育者如何成己达人 2．什么是优秀孩子的核心基因 （自信心、自尊心、爱心、恒心等是优秀孩子的核心基因） 3．如何培育优秀孩子的核心基因 （以大量实战案例，解析如何通过生活化的教育培育优秀孩子的核心基因） 4．课后作业：及时巩固与提升 （对照刘光应和谐家庭建设&成才教育之父亲部分的系统理论，（父亲）逐条写出自己的理解与感悟，找到自己要提升的空间，并拟定出切实可行的提升计划；（孩子）找到父亲急需改正与提高的环节，并提出自己对父亲改正的期望，书面形式递交给父亲；（母亲）写出自己如何帮助老公做个伟大的父亲，如何协助老公更好地与孩子心灵相通）

第二天	14:30 — 17:30	1. 答疑解惑：现场互动，正本溯源，取得真知 （与所有与会者充分互动，对上午留下的作业进行针对性的探讨，畅所欲言，针锋相对，纠正错误观念，形成新的认知） 2. 如何协助孩子做好成长规划 （1）成长规划是什么 （2）成长规划的重要性 （3）教会并协助孩子制定成长规划 （4）在孩子的成长中，如何协助孩子调整与落实成长规划 3. 如何帮助孩子摆脱当前成长困惑 （1）帮助孩子找到当前影响其成长的主要问题 （2）协助孩子解决这些问题 4. 如何协助孩子找到人生中的导师 （1）人生导师对孩子成长的重要意义 （2）如何协助孩子找到人生导师 5. 如何激励、引领、协助孩子攀登人生更高峰 （1）风景这边独好：扩大孩子的自然视野； （2）众人拾柴火焰高：扩大孩子的人际关系视野； （3）行行出状元：扩大孩子的职业视野； （4）他山之石，可以攻玉：扩大孩子的资源视野； （5）九乡十八寨，十里不同俗：扩大孩子的人文视野 6. 课后作业：及时巩固与提升 （对照刘光应家庭和谐建设&成才教育之父亲部分系统理论，（父亲）逐条写出自己的理解与感悟，找到自己要提升的空间，并拟定出切实可行的提升计划；（孩子）找到父亲急需改正与提高的环节，并提出自己对父亲改正的期望，书面形式递交给父亲；（母亲）写出自己如何帮助老公做个伟大的父亲，如何协助老公更好地与孩子心灵相通）
	19:30 — 21:30	茶话会：齐心协力，成就伟大父亲 1. 我想问 （心中困惑，一解了之） 2. 我想听 （它山之石，可以攻玉） 3. 我想说 （我想说：我真的很爱你） 4. 我想谈 （你希望我怎么样；你能如何如何我会更开心） 5. 我想改 （为了更好地爱你，我要这样的改进自己） 6. 我想做 （1）我想这么做； （2）我以这种方式保证做到； （3）我以这种方式坚持做 茶话会成果巩固： 1. 父亲坚持写"心态修整日记"、个人成长日记、家庭成长日记； 2. 制作并严格执行家庭成长方案

		1．有关自我教育 （1）什么是自我教育 （2）自我教育的重要性 （3）良好自我教育生长的沃土——父母对孩子成才的热望 （4）父母如何为孩子搭建自我教育施展的舞台 2．自我教育的质量决定着孩子社会化的成败 3．青少年自我教育成才之"清" 4．青少年自我教育成才之"境" 5．青少年自我教育成才之"方" 6．课后作业：及时巩固与提升 （参考刘光应老师家庭和谐建设＆成才教育之青少年自我教育成才的系统理论，（孩子）逐条写出自己的理解与感悟，找到自己要提升的空间，并拟定出切实可行的提升计划；（父母亲）找到孩子急需改正与提高的环节，并提出自己对孩子改正的期望，书面形式递交给孩子；（父母亲）写出自己如何帮孩子搭建自我教育施展的舞台，协助孩子更好地成长）
第三天	9：00 — 12：00	
	14：30 — 17：30	1．答疑解惑：现场互动，正本溯源，取得真知 （与所有与会者充分互动，对上午留下的作业进行针对性的探讨，畅所欲言，针锋相对，纠正错误观念，形成新的认知） 2．青少年自我教育成才之"能" 3．青少年自我教育成才之"成" 4．青少年自我教育成才之"大" 5．青少年自我教育成才之"器" 6．课后作业：及时巩固与提升 （参考刘光应老师家庭和谐建设＆成才教育之青少年自我教育成才的系统理论，（孩子）逐条写出自己的理解与感悟，找到自己要提升的空间，并拟定出切实可行的提升计划；（父母亲）找到孩子急需改正与提高的环节，并提出自己对孩子改正的期望，书面形式递交给孩子；（父母亲）写出自己如何帮孩子搭建自我教育施展的舞台，协助孩子更好地成长）
	19：30 — 21：30	茶话会：齐心协力，缔造未来社会精英 1．我想问 （心中困惑，一解了之） 2．我想听 （它山之石，可以攻玉） 3．我想说 （我想说：我真的很爱你） 4．我想谈 （你希望我怎么样；你能如何如何我会更开心） 5．我想改 （为了更好的爱你，我要这样的改进自己） 6．我想做 （1）我想这么做； （2）我以这种方式保证做到； （3）我以这种方式坚持做 茶话会成果巩固： 1．孩子坚持写"心态修整日记"、个人成长日记、家庭成长日记； 2．制作并严格执行个人成长方案

第四天	9：00 — 12：00	1．总结与提高 （对过去三天的活动成果进行检验，微调活动内容，确保达到更加效果） 2．和谐家庭建设的核心点：角色位当 （1）家族角色位当 （2）社会人际关系角色位当 （3）家庭角色位当 （4）社会工作职责角色位当 （5）社会责任角色位当 3．和谐家庭建设的润滑剂：承担压力 （1）生活中的压力 （2）成长中的压力 （3）成才中的压力 4．课后作业：及时巩固与提升 （参考刘光应老师家庭和谐建设＆成才教育之和谐家庭建设的系统理论， （父、母、孩子）逐条写出自己的理解与感悟，找到自己要提升的空间，并拟定出切实可行的提升计划）
	14：30 — 17：30	1．答疑解惑：现场互动，正本溯源，取得真知 （与所有与会者充分互动，对上午留下的作业进行针对性的探讨，畅所欲言，针锋相对，纠正错误观念，形成新的认知） 2．和谐家庭建设的加速器：诱惑与行为选择 3．和谐家庭建设的脉搏：爱的有效传递 4．和谐家庭建设的推动力：正当而持续的经济来源 5．和谐家庭建设的能量库：持续提升自我价值 6．课后作业：及时巩固与提升 （参考刘光应老师家庭和谐建设＆成才教育之和谐家庭建设的系统理论，， （父、母、孩子）逐条写出自己的理解与感悟，找到自己要提升的空间，并拟定出切实可行的提升计划）
	19：30 — 20：30 20：40 — 22：30	茶话会：齐心协力共建和谐家庭 1．我想问 （心中困惑，一解了之） 2．我想听 （它山之石，可以攻玉） 3．我想说 （我想说：我真的很爱你） 4．我想谈 （你希望我怎么样；你能如何如何我会更开心） 5．我想改 （为了更好地爱你，我要这样地改进自己） 6．我想做 （1）我想这么做； （2）我以这种方式保证做到； （3）我以这种方式坚持做 茶话会成果巩固： 1．家庭每位成员坚持写和谐家庭建设日记 2．制作并严格执行家庭成长方案

第 三 章

刮骨，疗毒！

政府官员和大学教授就一定能教育好孩子吗？

高智商的人就不会出问题吗？

曾经优秀的孩子就一定持续优秀吗？

引导孩子成才的秘诀到底是什么？

2008年8月底的一个上午，闷热的天气似乎预示着什么。

一对南方的夫妻悄然来到我的办公室……

• 作用力与反作用力＆伤害与被伤害

霍启隆，孩子父亲，政府官员。不到五十岁的霍先生身高不足一米七，瘦得有些恐怖，板正的衬衣被他穿出了宽大道袍的感觉，花白了的头发虽然不长，但却给人凌乱之感，青黑消瘦的面部棋布着类似老年斑的痘点，浮肿的眼泡，网满红血丝的眼白，因为瘦而更显得高得夸张的颧骨，与年龄极为不相符的龙钟老态，动静之间略显慌张的表情，都争相述说着他内心世界的凄苦。

赵新蓓，孩子母亲，大学教授，标准的南方中年女子发福相。同样是胖，南方女子的胖还是显得收敛含蓄些，透着天生的精致味儿，考究的衣着与精心的妆扮丝毫掩饰不了她满身的倦容与排山倒海的忧郁。

他们俩并排坐在一起，若不经介绍，你肯定不会想到他们是夫妻关系，很难捕捉到他们之间流通的亲近，虽然赵女士很顾及霍先生在人前的脸面而强敛着锋芒，但在霍先生努力的平静中还是透着分明的怯懦。只需要短短几分钟，任谁都能做出明确的判断：赵女士才是这个家庭掌权者。

我看你们都很疲惫，要不要先休息一下？

今天，我们比平时好多了，赵女士说，家里出了个这样的孩子，任谁都不好过呀，我们还算坚强的，不然早就崩溃了！

赵女士的声音非常特别，如果只闻其声，你一定不会怀疑这是标准的男声。

☆☆ ☆☆ ☆☆ ☆☆ ☆☆

　　家长们越是描述孩子对他们造成多么大、多么痛心的伤害，我就越觉得：

　　（1）他们教育孩子的问题越大；

　　（2）他们的夫妻关系及家庭环境问题越大；

　　（3）孩子被他们伤害得越深.

　　我坚信每一个刚出生的孩子都是长着隐形翅膀的天使，主要是父母决定了这双翅膀舞动出的是溶解冰霜催生万物的春风，还是扑腾出天昏地暗树倒屋摧的邪风，天使般的父母培养不出恶魔般的孩子。

☆☆ ☆☆ ☆☆ ☆☆ ☆☆

在我请他们进一步介绍家庭情况的时候，戏剧性的一幕出现了，这夫妻俩居然都沉默了。

沉默，寂静。

灯光，惨白。

头发微竖，汗毛紧闭。

居然还在沉默。

霍先生不自在了，不安了，些许急躁了，开始目光向我求救了。

赵女士阴沉着脸，只顾把嘴和鼻子罩在双手托起的大茶杯里，她并没有喝茶，就一直保持着这样的姿势，好像在对霍先生说"你懂的"。

还是霍先生打破了沉默。

孩子小的时候，我常年在漂在苍茫的大海上，我海军出身，这个工作就是讲奉献的，与家人聚少离多，对他们母子俩照顾得很少，等我转回来，孩子都该上初中了。我能转回来长期和他们母子团聚应该是家庭的喜事吧，但我总觉得孩子不愿意接近我，我想可能是因为孩子处在青春逆反期吧，也没有太在意……

霍先生讲话像排雷一样，一句话绕三个圈圈，生怕触碰到了地雷，每说完一句话都会长时间的观察我们的反应。一般情况下，家长朋友们都会在借用我耳朵的时段感受到倾诉的畅快与被理解的温暖，而此刻，如坐针毡的霍先生让我明白我的耳朵并不总是可爱的。

我不忍心再看霍先生在讲话的过程中跌跌撞撞的窘相了，就识相地接过话杖，并巧妙地传递给赵女士，伴着赵女士话匣子的打开，时空也悄然和谐自然起来。

• 不是神童，是不经意？

霍腾骏，一个南方省城重点高中高二实验班的男生，已辍学两年多。

骏是个很有天赋的孩子，从小学习成绩就很优异。小学期间，骏一直保持着全校第一的好成绩，总是高出第二名好几十分。初中时期，他从来没有做过家庭作业，成绩依然是一骑绝尘地高出第二名几十分，不出任何意外地考入省城最好的高中，并进入了实验班。在整个高一期间的任何一次考试，骏都轻松名列全年级前茅。

从小学到高中骏参加了很多全国、全省范围的考试，冠军、亚军奖杯得了一大堆，但他从来都不看重这些，他很少和父母讲自己参加比赛及获奖的事情。

骏在音乐与运动方面也很有天赋，只用了两年就达到了黑管9级，一般的孩子怎么也得用三年；在唱歌方面，学得快，唱得像，特别逗的是他长得与周杰伦相像，学唱周杰伦的歌也是惟妙惟肖；超级喜欢打篮球，爱琢磨一些酷酷的动作，在篮球上投入的时间也很多，自然也打得不错，所以，在学校很招女孩子喜欢，这也是我们担心的问题。怕什么来什么，骏与同班的一个女孩子走得越来越近，那女孩子据说是校花，这俩孩子相互吸引，大有一日不见如隔三秋的阵势。那女孩子我见过的，真的挺优秀的，多才多艺的，说是闭月羞花也不是太过分，让人顾盼生怜，说个不该说的话，这俩孩子还真是挺般配的。那个学校是严禁学生谈恋爱的，班主任老师多次做这俩孩子的思想工作，这事哪是能随随便便能劝阻了的呢，老师没办法了，只好找家长呀，我们也是束手无策，这事在他们学校闹得挺大的，最后，还是那女孩子的家长做出了牺牲——毕竟，这个学校在全省是最好的，他给孩子转学了。

· 不读红楼梦，不懂贾宝玉！

那女孩一转学，骏可受不了了，整天魂不守舍的，老惦记着找那女孩子。那女孩真的挺好的，也经常劝说骏，但他们毕竟还是孩子，经常不能见面，小情绪、小猜忌、小心眼、小误会、小争吵、小摩擦总是在所难免，从此，骏便整天忧心忡忡，什么话也不与我们说，总是没完没了的睡觉，总是蒙着头在被窝里哭，上课也是一天打鱼三天晒网的，孩子的这种状态让我们很揪心，我们总担心孩子憋出个什么病来，也就没有对他逃课的事太在意，心想过了这一阵就会好起来的。

孩子状态下滑的速度超出了我们的想象，很快他就完全不去学校了，整天板着个面孔，无名火冲天，没白天没黑夜的在家上网，吃饭也没了规律，作息全乱套了。我发现一个规律：他上网时间越长，情绪就越恶化。

像他这种情况，我们是必须要干预的，但骏可不是个软柿子，只要给他一点点的约束，他就一蹦八丈高，用种种恶行还我们以颜色——摔锅扔盆、砸家具、毁电视、掼电脑、踹门等等，我们家的电视报废了三个，电脑报废两个，手机报废两个，家里的门没有一扇不是伤痕累累的，唉，就差杀人放火了！我对这些东西倒不是很在意，砸了摔了，还可以再买，让我最不能忍受的是连抽烟喝酒这些坏毛病他都沾染上了，居然还当着我的面，无法无天，造孽呀！

呜呜呜……

眼眶含着泪，心里滴着血，赵女士悲声如泣。

我的孩子呀，我做梦都想不到你会偷我们的钱，两万块钱就买一套衣服、四双球鞋、一个手机，这是一个孩子该做的事儿吗？你也不缺这些东西呀，简直就是一个恶魔，一个流氓，一个……家里的气候变了呀，阴雨绵绵，冷冰冰若刀霜，阴森森如地狱。

★★ ★★ ★★ ★★ ★★

蓓给我们呈现出了骏行为的果，却隐藏了结出该果实的大树、为大树施肥培土浇水打岔的主人、根植大树的那方土壤以及让大树野蛮生长的气候条件等等，为什么呢？果实以外的这些正是我们要知道的重点。

现象不是答案，对现象的理解与解释才是答案。

★★ ★★ ★★ ★★ ★★

• 生活中并不缺少美&孩子并非没有正能量

就这样骏在家里待了半年多，大门不出二门不迈的，可把我们急毁了呀，怎么办呢，找人来做心理工作，他不理人家；老师同学来看他，他闭门不见；亲戚朋友更是和他说不上三句话，他就像发疯了一样连喊带骂，弄得我们没法做人。

思来想去，我们还是请邻居家的孩子杜咏康来找他玩，这小孩和骏年龄差不多，已经辍学在家两、三年了。康的父亲是个有名的房产开发商，住的是高档别墅，三年前，康的哥哥很离奇的意外离世，康就被家人安排辍学在家里待着了，本来他就不喜欢学习，这样在家里待着也就心安理得，悠哉游哉。但长时间圈在家也是比较烦的，也需要有个人聊个天、说个话、玩一玩的，这样两个孩子就一拍即合，康的父母当然是很乐意这俩孩子一起玩的，在他们看来骏是个好孩子，认为骏可以给予康积极的影响，所以，当骏到他家玩的时候，他们全家人包括保姆都对骏非常好。

康家的别墅很大，里面运动器材及娱乐设施应有尽有，电脑与网络更是手到擒来，这样，骏更是乐不思蜀，家都不愿意回了，两个孩子完全都沉浸在毫无压力的疯玩世界。我们觉得这样下去肯定是解决不了问题的，就请康的爸妈配合把孩子又弄回家来，孩子对回家也没有什么抗拒，但回家后状态更加的消极，活得像个僵尸。

☆☆　☆☆　☆☆　☆☆　☆☆

生活不是概念，而是由一分一秒的事实经历堆积而成的细节。

骏的心窗已经透出了点点光亮，而没有人珍惜这个一分一秒堆积起来的生活细节，却用概念的十字架剥夺了细节的生命。

我们的工作成于细节，败于概念；家庭的幸福得于细节，失于概念。

☆☆　☆☆　☆☆　☆☆　☆☆

• 刮骨，疗毒！

我只是充分应用了双耳，极少烦劳嘴巴，也没有发表什么所谓的高见，却收获到了这夫妻俩高度的认可。他们说与我交流感觉很踏实，我就是他们苦苦寻求的大救星。

☆☆　☆☆　☆☆　☆☆　☆☆

在收集资料阶段，不管这种"认可"是发乎于心还是发自于口，是为讨好我们还是为了得到我们的些许承诺，都要把它当作积极的信号。这是他们对孩子成长积极关注的负责任的态度。切忌被"认可"的烟幕弹熏晕了脑袋，而是要运用认可的有利形势，沉下心来，继续像排雷一样用心的收集资料，对于排雷的工兵，忽略任何一个细节就可能失去生命，对于我们来说，漏掉任何一个重要信息，都可能导致工作的惨败。一般的工作有挫败或许并不可怕，而我们工作的性质极其特殊，我们的疏忽会给家庭/孩子造成新的伤害，会耽误孩子们的大好青春，甚至给他们带来生命危险，这绝不是危言耸听。

还要进一步认识到，对信息加工方面出现了巨大的偏差，也是导致了很多家庭陷入了困顿的重要原因。

☆☆　☆☆　☆☆　☆☆　☆☆

午餐期间，我把话题从骏身上岔开了，我们畅谈各自的兴趣爱好、业余时间的主要安排、成长的经历、对生活与人生的感悟等等，随着我们谈笑的延展，我确信一个重要的观念已根植到了他们的心中——父母的成长环境、人格特点、人生观、教育观念等对孩子的成长、成才影响巨大。

霍先生，请您讲一讲您从部队到地方后的一些事儿呗？

我的话触雷了，霍先生闻语色变，赵女士更是低头不语，气氛陡降360度，幸好赵女士主动提出让我和隆单独聊聊，才得以解围。

刘老师，您也看出来了，霍先生说一句咳三下的，我不善于说话，就是因为这个原因我才从部队到地方。到了地方，好多事儿比在部队还讲究形式，我这个人不喜欢这些虚虚套套的东西，但这个社会还就认这个，别人认就认了，我管不了，但我不能认，这是我的做人原则。我也知道像我这种性格会吃亏的，现实确是如此，但令我恼火的是开始支持我的太太后来也反对我，刘老师，您说说这叫我还怎么立足吗！我转回来时孩子就大了，长时间分离也导致了孩子对我亲情淡薄，这也不能怪孩子，应该给他一个调试期，这个我也懂，但关键回到地方啥事儿都不顺心，我整天也是三丈无名火无处发泄，终日郁郁寡欢，对什么都没有耐心，别人跟我说个什么事儿也不能超过三句话，话一多我就心烦，有时我这火压都压不住，甭提多伤脑筋了。这个状态怎么能和孩子说话呢，更别提教育他了，那时也有很多个亲戚朋友劝我，我就是一条道走到黑的人，任谁的话也听不进去，现在孩子也这个样子，还不是跟着大人有样学样吗！

本来我们夫妻关系还是不错的，主要因为我长期在外、转回来的工作安排和小孩子现在不上学这三个事我们总是纷争，从我回来一直到现在也没有清静几天，这日子过得真的很虐心呀！

唉，我自己的事儿不顺，根本没有心思去过问孩子；孩子跟我们谁也不亲，又偏偏出了问题；老婆对我不满意，这些年基本上都是她一个带孩子，我没有多大的帮助，甚至是起到了负作用，我天天纠结于自己的这些个事儿，也没有给她个笑脸，所以我们这夫妻关系也查到了极点，用名存实亡来形容都不为过，这些都是家丑呀，不刮骨，如何疗毒呢，我也就不怕您笑话了。

就以上这点信息，霍先生颠三倒四的说了好长时间，又是锤头又是顿足的，费了他很多的气力，说完这些他整个人看上去黯然无光。

您也单独和蓓谈谈吧，霍先生说，这样她就不会顾忌我的面子了，把问题说得越明白对解决问题越有帮助，我和您说道说道后，心里也好受多了。

赵女士的表达通畅多了，她说她的心好累，别人一家三口是父母与孩子，她这一家三口是自己带了两个孩子——隆就像个不成熟的孩子一样，他的智商是很高的，所以，在部队里他能拼到很高的位置，但他又很单纯，这注定了他在现实生活中处处碰壁。碰壁就碰壁吧，再说了他现在的级别也是不低的，但他就是过不了自己心里那道坎，他不光折磨自己——现在瘦得不成个人样了，还折腾我们——弄得整个家庭阴沉沉的，这个样子孩子能不出问题吗？即使孩子不出问题，我迟早也得出问题。

☆☆ ☆☆ ☆☆ ☆☆ ☆☆

当家长开始"刮骨"的时候，也就意味着可以"疗毒"了——我们的工作已经踏上引导认可的台阶了，更大的责任与挑战在等待着我们呢。

☆☆ ☆☆ ☆☆ ☆☆ ☆☆

• 不是伯乐，就不要品尝千里马的泪滴！

下午，组织他们夫妻俩填写家庭和谐建设＆成才教育信息表，并就表中所涉及的一些关键点与他们进行了深入的沟通与探讨，至此，我也就基本形成了针对他们家庭的帮扶方案。我把该方案的主旨形成了如下的文字，供我们作进一步的探讨：

一、如何做才能让你们的家庭更加和谐美满？

实施专门针对他们夫妻俩的和谐家庭建设＆成才教育四日课。

二、根据骏目前的状况，如何导入成才教育？

1．让孩子进入生活的工作设计

安排合适的工作人员以合理的方式介入到骏的生活中〔原因有三：父母及亲戚朋友没有人能把骏带出家门；两年多来，骏都把自己包裹得很严，主动接触外人的可能性极小；骏没有求助的意愿，也不觉得自己有改变的必要（骏父语）〕。

2．经营四个认可

工作人员力争在一个月内完成骏对其的性格认可、行为方式认可及人格认可。

3．环境因素

（1）家庭环境的改变

父母的改变，让骏感觉到家庭环境的变化，让骏有思变的可能性。

（2）改变环境的条件

骏想要什么样的生活，我们可以换个环境阶段性的更好地满足他，让骏进入新的环境成为可能。

（3）实现环境的改变

要想实现环境的改变，工作人员必须完成对骏的引导认可。

（4）新环境可能对骏影响

在一个月内，完成骏对新环境的认可，并逐步把骏带入到新的人际关系中，形成良好的人际互动关系。

4．成才教育的具体实施

（1）生活化教育

从带着骏团队旅游，过渡到单独带着骏旅游，再到带着骏一起做家庭访问，逐步让骏更多的接触生活。

（2）情感教育

我要带着骏回老家探望生重病的母亲，从深层次唤醒孩子对父母的情感。

（3）扩大视野的教育

扩大骏的自然视野、职业视野、资源视野、人际关系视野、人文视野。

（4）职业生涯设计的导入及完成

协助骏树立明确的人生目标、导入及完成对他的职业生涯设计。

5．在家庭和谐框架下的成才教育的具体实施

（1）亲子关系的重塑与提升

（2）成长计划制定与实施

协助骏制定成长计划，并就实施过程中可能遇到的主要问题进行深入探讨。

（3）后续辅导

包括协调亲子关系、辅导骏更好的实施成长计划、巩固与加强和谐家庭建设的具体指导等。

和谐家庭建设＆成才教育4日课进行到第3天，他们已经对上述方案有了十足的信心，没有提出任何异议，只求我们尽快实施。

这是个不错的开端。

四天的课程结束了，我布置了家庭作业——和谐家庭建设＆成才教育日记，要求他们夫妻两人都要完成作业，每天都要与我进行邮件传递及电话沟通。

和谐家庭建设＆成才教育日记

日期：			记录人：	
家庭成员记录内容	在生活方面的表现	在成长方面的表现	在成才方面的表现	备注
自己的努力				
自己的改变				
夫妻的配合				
夫妻关系状况				
孩子的努力				
孩子的改变				1．不尚空谈 2．多运用所学的理论与方法
所应用的理念与方法				
存在的难点或困惑				
自己的创新做法与心得体会				
明日计划				

　　方案的实施工作在一周之后启动，在历时半年多的时间里，大家共同的努力见证了骏成长突破，现将具体实施的细节呈现给大家。

☆☆　☆☆　☆☆　☆☆　☆☆

　　如果不把具体实施的细节呈现出来，读者会是什么感受呢？

　　我把以上的文字分享给了二十多个家庭——他们都是伴我一起成长三年以上的老朋友了，他们给我的回答五花八门：刘老师怎么也开始务虚起来了；头重脚轻；我们需要的是活生生的解决方案，而不是冷冰冰的条条框框，总之，批评多多，赞誉寥寥，大家都感觉"不解渴"。

　　当我把下面的文字发给他们后，大家整齐划一的"点赞"——如果你早把这些方法告诉我，我也有把握带领骏走出困境；我们也知道工作要循序渐进，但就是拿捏不准那个尺度，在你的详解中，我深受启发，虽然我家孩子没有骏那么"严重"，但通过你对骏的辅导，我对成才教育有了更深的理解；对理论我不感冒，读故事还行，我了解骏这个孩子，所以我对这个故事更感兴趣了，骏的转变与突破让我对教育孩子有了更大的信心，你的这些方法，我拿来就可以用，我认为，他们正确领会了我的用意。

☆☆　☆☆　☆☆　☆☆　☆☆

• 选使者——能逮住老鼠的就是好猫

　　在骏辍学的这段时间里，像别的家长一样，他们也拜访了不少国内教育学、心理学甚至是医学等方面的名角儿，可谓见多识广，各个门派的"秘籍"收罗了不少，虽称不上专家，也算得上一个杂家了，他们反复强调：我们需要的不是空洞的承诺与繁复的教条，而是能够引领骏走出困境的系统解决方案。

　　在父母的精心安排下，骏遭到了各路名角儿的轮番"轰炸"，都形成条件反射了。一旦与"名角儿"狭路相逢，骏就扭曲面皮，大瞪牛眼，紧握双拳，整个人进入战备状态，"识相的"会小试牛刀后三缄其口后自找台阶后BYE BYE闪人，"不识相的"会激情澎湃后大动干戈后骑虎难下后落荒而逃。

★★ ★★ ★★ ★★ ★★

准求助者对我们的认可是循序渐进的，在没有接受的心理基础的前提下，绝对不能勉强，不然就会像这些名角儿一样——碰一鼻子灰。

雷夫·艾斯奎斯（Rafe Esquith）一语点醒了我，也道破了天机——"任何拿出真心、诚意对待教育这份工作的老师，都会暴露在惨痛失败和心碎失望的风险下。"既然这种风险规避不了，就要找到降低该风险的有效方法，于是，在经营四个认可的基础上，我们创造了"打造家庭认可体系"的方法，大量的实践证明，该方法效果显著。

打造家庭认可体系的方法成功解决了以下问题：

一、我们开展工作必须要打通的环节

1. 我们与家长们的对接

2. 我们与家长们的环境的对接

3. 我们与孩子的环境的对接

4. 我们与孩子的对接

5. 我们大家共同与环境的对接

二、家长们开展和谐家庭建设＆成才教育必备的知识与方法

1. 家长们与自己的对接

2. 家长们彼此的对接

3. 家长们与环境的对接

4. 家长们与孩子的环境的对接

6. 家长们与孩子的对接

7．我们大家共同与环境的对接

三、孩子成才的必经之路

1．孩子与自己的对接

2．孩子与我们的对接

3．孩子与环境的对接

4．孩子与家长们的环境对接

5．孩子与家长们的对接

6．家庭所有成员共同与环境的对接

7．我们大家共同与环境的对接

和谐家庭建设＆成才教育家庭认可体系表

		打造家庭系统认可体系所涉及的内容	工作进度管理
经营认可	家长们对我们的认可	1．对资料收集、整理工作的认可	1月内 3个月内 半年内 1年内 2年内 3年内 3年以后
		2．对问题梳理、判断工作的认可	
		3．对成才教育方案的认可	
		4．对实施方案的团队的认可	
		5．对方案实施质量的认可	
		6．对我们团队能力及态度的认可	
		7．对后续指导工作的认可	
	孩子对我们的认可	1．对工作人员身份的认可	
		2．对工作人员性格的认可	
		3．对工作人员行为方式的认可	
		4．对工作人员人格的认可	
		5．对工作人员教育引导的认可	
	家庭内部的认可	1．夫妻关系状况	
		2．亲子关系状况	
		3．家庭和谐及幸福状况	
		4．家庭成员的成长状况	

续表

		打造家庭系统认可体系所涉及的内容		工作进度管理
经营认可	社会层面对每个家庭成员的认可状况	学校或工作单位	1．学习或工作状况	1月内 3个月内 半年内 1年内 2年内 3年内 3年以后
			2．人际关系状况	
			3．情绪、情感状况	
			4．个人成长状况	
		关键人际关系群体	1．人际关系状况	
			2．情绪、情感状况	
			3．生活状态描述	
			4．学习或工作状态描述	
			5．个人成长状况	
			6．人格完善状况描述	
		社会及社会评价体系	1．人际关系状况	
			2．情绪、情感状况	
			3．生活状态描述	
			4．学习或工作状态描述	
			5．个人成长状况	
			6．人格完善状况描述	

☆☆ ☆☆ ☆☆ ☆☆ ☆☆

毫无疑问，要深入骏的虎穴，需要一位虎将，孟鹏当仁不让。

孟鹏跟着我学习和谐家庭建设&成才教育一年多了，还全程观摩过我做的几个典型案例，对我的教育理念与方法比较熟悉，年仅23岁的他和骏的年龄相差不算太大，更巧的是他也经历过成长的挫折——对电脑网络游戏"骨灰级的"痴迷过一年多，但现在的鹏已经是一个阳光大帅男了，上进心极强，有着同龄人少有的稳重，并考取了心理咨询师三级证书，具备了担当此次使者的基本条件。

我把想法和鹏谈了一下，鹏欣然应允，并称这是个令他愉快的差使。

• 备粮草——决不打无准备之仗

兵马未动，粮草先行。

要恶战，必先要做好充分的战前准备工作。经反复推敲与演练，我们确定了如下行军纲领：

1．营造骏对鹏身份认可的主、客观条件

（1）营造信任的基础（鹏身份的合理性）

（2）初次接触的条件（接触的自然性）

（3）兄弟式情感的建立（认可的可能性）

（4）大爱情怀（认可的必然性）

2．与骏相处前两周的注意事项

（1）不教育原则

（2）贴心陪伴原则

（3）经营认可原则

3．与骏相处第15天至30天的注意事项

（1）家庭环境的改变

父母的改变，让骏感觉到家庭环境的变化，让骏有思变的可能

（2）改变环境的条件

4．将骏带到北京来的准备工作

（1）骏的心理准备

（2）骏的实际决定

（3）鹏的行动准备

我将"行军纲领"向骏的父母做了详细的说明讲解，他们只是一味地交口称赞，没提任何意见与建议，唯独关心鹏何时启程。

• 先头战——一个人的千军万马

乘坐夕发朝至的南下列车，鹏到了骏所在的城市。

骏的父母给予了鹏隆重的接待。

鹏没有稍作休息就展开了工作，虽然在北京期间我们已经分析出了现阶段

最有可能接触到骏并且骏对其不设防的人是谁，但我们商定还是由鹏与骏的父母再按照排除法锁定人选。他们的工作效率高得惊人，仅几分钟时间就锁定了康——这与我们先前的选择是一致的。如此，就需要打造另一个认可链了，骏的父母毕竟是身经百战的，他们很有把握的表态：这个事好办，只要与康的爸妈说清楚就行。

康的父母也是通情达理的人，把事情搞清楚后，表示尽力配合。这样，鹏就以康母的一个远门亲戚的身份住进了康家，从辈分论，鹏与康应以兄弟相称。康是好相处的，很快他们就成了好朋友，康的父母看到两个"孩子"在一起玩得开心快乐，他们也是乐不可支。

到康家的第三天，鹏提意想斗地主，请康再找个朋友一起玩。康自然首先想到了骏，他掏出了手机，顺手就拨骏的号，几声通话音后，又迅速挂掉电话，神色慌张地说自己差点犯了个错误——阿爸不让我给骏打电话的，要事先征求他老人家同意的。

毫无悬念，骏欣然接受了康的邀约。

鹏在康的介绍下与骏相互认识了。

众乐乐胜独乐乐，三人乐乐胜两人乐乐。

晚上，在康的父母盛情挽留下，骏也住进了康家。（这也是事先设计好的）

开始的两三天，他们都宅在家里玩，但鹏提出来想去市内的景点逛逛，他们俩也不好意思拒绝，于是，在两位超级宅男的导游下，一连五、六天他们都在市区内游山玩水。鹏"表现"得快活似神仙，他们俩则体力透支，动一步要歇三步，眼见游玩变成了负担，在充分表达对两贤弟的"导游/伴游之恩"后，鹏决定还是把"战场"转移到室内。

在鹏的提议下，这"三兄弟"在室内举办了很多场运动类的比赛，大家你争我抢，"斤斤计较"，全情投入，场面十分热烈，这些活动拉近了彼此的友谊，也暂时成功地把这两位贤弟从电子类产品身边拉开。就在这时，康的父亲"不合时宜"地打断了他们，告诉骏他父母来电话说要出门一阵子，请我们照顾骏十天半个月的。康的父亲表达出对骏的超级欢迎，别说是十天半个月的，就是一年两年也不在话下，并强调早已把骏当作自己的孩子一样对待了。其实，骏根本就不关心父母的行踪，短暂的插曲过后，比赛继续，欢乐继续，友谊的加深继续。

半个多月后的一天下午，骏的父亲打通了康的电话，并执意让骏接电话，骏没有接父亲的电话，骏的父亲只能请康转达他要对骏说的话——他与蓓近期还回不了家，不好意思总是打扰康家，让骏回家去住，自己照顾好自己，并感谢康家在这一段时间对骏的照顾。接完电话，康傻了，他犹豫要不要对骏说这些，要是说了，这不是明摆着赶骏走吗，要是不说，对不起康父的嘱托呀！康接完电话后愣在那里了，鹏便走上去问怎么回事，康露难色，在鹏的一再追问下，康只好苦着脸说了。骏并没有什么过激的反应，起身就去收拾东西，要走。鹏上去劝阻骏，问骏为什么一定听"他"的呢，咱们才是一个团队，大家在一起多开心呀，再说了，你回去一个人待着多没意思呀。骏说他不是因为听"他"的才决定回去，是因为"他"说得有一定的道理，他觉得应该回去，并邀请两位兄弟到他家玩。为了缓和气氛，鹏建议大家现在就与骏一起回去，以免骏一个人孤寂，这是个好主意，自然是一拍即合。

★★ ★★ ★★ ★★ ★★

成功实现了战略转移。

★★ ★★ ★★ ★★ ★★

晚饭，康母与保姆一起送来了丰富可口的饭菜，康母还与他们一起共进晚餐，大家其乐融融。饭后，大家在一起说说话，也都挺开心的，鹏向康母建议让康也留下来在骏家住，康母表示她会尊重康的意愿，当鹏"满怀信心"地征求康的意见时，康却"出乎意料"的说NO。康的解释是他从来不在外面过夜，请两位兄弟一定要谅解，不过，他可以多陪骏一会儿，明天一早他就会杀过来的。

☆☆ ☆☆ ☆☆ ☆☆ ☆☆

康基本不在外过夜，这一点骏是了解的，但这一次是为了促成鹏、骏单独相处所做的工作设计。

☆☆ ☆☆ ☆☆ ☆☆ ☆☆

现场有一点点生死离别的酸味，鹏识时务的挺身而出，很仗义地说：既然大家是兄弟，就必须相互理解，康，你就放心吧，我陪骏兄弟就是了，明儿一早，你就赶紧滚过来，我们俩再让你锻炼锻炼身体——这是只有他们三人才能理解的话，意思是明天一早我们就玩斗地主，输者做俯卧撑，而康正是他们中最菜的鸟儿。

在接下来的半个月里，这三个人白天要么是在骏家，要么是在市区内游玩，吃饭基本上都是康妈与保姆按时配送，鹏每天住在骏家里。除了与这两位贤弟一起玩，其余的时间基本都在看书，每天早上也是很早就起床看书。这些书都是鹏"玩里偷闲"买的，是他认为很对骏、康口味的书，数量虽没多到汗牛充栋的地步但也堆成了小山。康与骏的生活因为鹏的到来悄悄发生了一些变化，作息比以前规律多了，每天耗费在电子产品上的时间大幅减少了，户外活动时间成倍的增加了，还增加了强度比较大的体育锻炼项目，鹏痴迷读书的行为也对他俩产生了比较大的影响，他们都对鹏的好多书感兴趣——如几米系列成人画本、名人画传、摄影杂志、国家地理杂志、书法、国画、人物传记、世界名著等等。

这俩小伙子也对鹏的经历很感兴趣，他们你一言我一语的问鹏——你怎么什么都懂呀；你怎么去过那么多的地方呀；你怎么这么喜欢看书呀；你将来打算做什么职业呀；你的理想是什么呀；像你这么优秀，得什么样的女孩子才能配得上你呀；你兄妹几个呀；你爸妈是干什么的呀等等，鹏都笑呵呵的认真回答。

时间穿越到鹏的过去。

我的脑袋有"多动症"，据爸妈说，在我小时候，他们每次带我出门都要随身背上一本《十万个为什么》，因为，我见到什么都要问为什么——是打破砂锅问到底的那种问，得不到满意的答案，决不罢休。还算幸运，爸妈并没有嫌我烦，相反，他们总是很耐心地为我解答，还给我买了很多科普方面的书籍。我小时候的书比一般的小朋友多好多倍。在我上幼儿园的时候，我就懂得了很多知识，每天都缠着幼儿园的老师问更多、更深奥的"为什么"，谢天谢地，幼儿园的老师也并没有烦我，同样是很有耐心地为我解答，我懂得的越多就对更多的新事物感兴趣，爸妈就带我去更多的地方，体验更多的新鲜事物，据爸妈说，我的幼年只有欢笑。

小学阶段，我的"脑袋多动症"并没有好一些，相反，我探索新事物的兴致日渐日高，但这时的我已经没有在幼儿园时那么麻烦了，我已经会自己查资料了。我家里到处都是书，爸爸开玩笑说我家穷得只剩下书了。这种对新事物探索的兴趣与欲望至今还是新鲜的，一本我喜欢的书，不管多厚，我就能一动不动的一口气读完，不管是一天一夜还是两天两夜，呵呵，没办法，少不更事，少年痴狂，兄弟们别笑话我哦。

我还是个较死理的人，小时候不知道在哪本书上看到这么一句话"读万卷书不如行千里路"，当时不理解此中深意，就问爸爸这句话是什么意思，爸爸的回答大概是说人生经历是很重要的，我就问爸爸我怎么才能有人生经历呢，爸爸说是要多多出去走走，就是要多多出去旅游。我当时就问旅游是什么意思，我能不能去旅游呢？爸爸是个信守承诺的人，所以，每年爸妈都会抽出很多的时间带我去旅游。很幸运，我去过很多个地方，我很喜欢旅游，喜欢名川大山，喜欢各地的风土人情，喜欢在行走中领略风景的生活，喜欢寻找生活中美的行为方式，喜欢会当凌绝顶一览众山小的旅游境界……我这次来你们这里旅游就有很多的收获，最大的收获是交了两位好朋友。或许，我停留太久了，我不该久久停留在一个地点，我将启程去探知更多新鲜的世界，你们愿意和我一起吗？

我喜欢阅读，好书犹如一轴长长的画卷，当你展开它，只要其中的一花一草一人一物跃入眼帘，那点燃你心灯的奇思，那贯通你神志的妙想，都让你欲罢不能。你说看过"狮子楼"你能禁得住不看"快活林"；看完"快活林"你能禁得住不看"清风寨"；看完"清风寨"你能禁得住不看"闹江洲"；看完"三顾茅庐"你能禁得住不看"火烧新野"；看完"火烧新野"你能禁得住不看"长坂坡"；看完"长坂坡"你能禁得住不看"舌战群雄"；看完"舌战群雄"你能禁得住不看"群英会"……我就这个性，干什么都图个痛快，遇到喜欢的书就痛痛快快读个大天光，直到读完为快；遇到对脾气的哥们儿就真心真意做一生的兄弟，直到地老天荒；遇到自己喜欢做的事业就披星戴月殚精竭虑哪怕肝脑涂地，直到铁树开花，你们两个都很对我的脾气，谁不做我兄弟我和谁急，除非你们看不上我。

……

鹏的话语点亮了骏、康的眼睛与心灯。

鹏要走了，骏与康都要追随他。鹏感谢兄弟们的信任，但他不能带着他们走，一是因为他照顾不了两个人，若真要带的话，只能先带一人；二是因为这是他们自己的想法，还必须征求家长们的同意；三是因为跟着他会比较苦一些，如果中途反悔了，对大家都是伤害；四是因为跟着他不是去玩，而是为了成就更加优秀的自己，是为了自己更有力量，更像男子汉，这样，就会遇到很多问题，吃很多苦头，怕你们应付不了。

康听完鹏的话，号啕大哭。

骏，你先跟着大哥去吧，你在家没人照顾，若我也走了，你就更孤单了。我家里人多，我也没那么孤单，你就放心去吧，跟着大哥有前途的……呜呜，呜呜……

最终，骏没有执拗过康，骏跟着鹏来到了北京。

• 第二战场——我与骏父母的交锋

鹏在第一战场酣战的同时，我所主持的第二战场也是硝烟漫天。

我发现了一个很有趣的现象，当鹏的工作开展得顺畅的时候，第二战场就会遭遇滑铁卢；当鹏遇到阻碍的时候，我的工作就会进行得有声有色，为什么会这样呢？

很快我便锁定了问题的焦点——家长们在认识与行为上出现了巨大的偏差，

主要表现为：

1. 他们错误地认为我们已经和骏接上头了，按照我们的方案，骏的改变是必然的，他们终于可以放松放松了。

2. 对于霍先生来讲和自己对接都不是一件轻松的事儿，更何况还要求他与妻子、孩子及相对应的环境对接呢？

3. 他们完成和谐家庭建设＆成才教育日记的态度极其不端正，简直是在敷衍我，当我问他们为什么这样做的时候，我得到的答案却是：刘老师，骏的问题不是已经解决了吗，我们再做这些日记还有什么意义呢？

4. 他们放松对自己的要求，甚至还说现在看来骏的问题并不是什么大不了的了，他们年龄大了，请我不要对他们要求那么高。

这些年，我见过太多的"止住了血就忘了疼"的家长——比"好了伤疤忘了疼"的思想状态更为严重，骏的父母就是这样子的，我见怪不怪了！

这个问题要不要解决呢？

肯定要。

是温柔和解，还是争斗个你死我活后的完全统治呢？

是完全统治。

为什么要完全统治呢？

前面我讲过"现象不是答案，对现象的理解与解释才是答案"，他们夫妻俩在认识与行为上的巨大偏差，就是答案。如果在这个问题上我们放弃了原则，现象就会替代答案，骏就会照旧跌撞在雾霾茫茫、艰险重重的前路中，那是我绝对不能容忍的，所以，我只能在他们习惯思维的势力阵线中杀出一条血路。我的强力坚持遭到了骏父母的强烈抵抗，值得庆幸的是他们识时务的弃暗投明了，两条战线同时告捷，解放区的天是晴朗的天。

要让家长朋友们在短短的四五天里完全理解并消化吸收我用一百多万字构建的"和谐家庭建设＆成才教育"体系，实在是勉为其难。

在接下来的大半年里，我按计划渐次深入的对骏的父母进行培训与指导，霍先生说我给他的灵魂洗了个澡，赵女士说我助她又光彩的活了一回，他们都表示做我的俘虏幸福极了！

这场战役，虽刀光剑影，但没有输家。

• 人生最重要的不是别的，是生活！

在鹏外出的每天晚上22：00，按照约定他都会准时给我打电话——汇报当天的工作进展情况，商定接下来的工作安排，所以，骏来京的迎接及后续安排等工作早已准备妥当。

为了迎接骏的到来，我向所有的老师强调，即将来的骏将由我与鹏全程辅导，其他老师在没有得到许可的情况下，不能对骏施加任何影响。

骏对住宿安排非常满意——与鹏共同分享一间30多平方米的宿舍，有空调，有席梦思床，有书桌，有书柜，有独立的卫生间，还可以淋浴。

鹏带着骏参观了校区，并把校内的师生介绍给骏相互认识。骏说他不想与其他人有什么交集，想自己安排自己的生活，鹏表示理解，并承诺一定会尊重骏的选择。

在开始的一个月里，鹏带着骏遍游北京的大小景点。秋季里游北京是很明智的选择，他们每天一大早就出去，晚上八九点钟才回来，每天都拍好多张照片，玩得不亦乐乎！

★★ ★★ ★★ ★★ ★★

其实，扩大自然视野就是如此的简单。

★★ ★★ ★★ ★★ ★★

每一两天，我至少请他俩出去撮一顿，在与骏接触的过程中，我从不主动问任何问题，也时刻提醒自己不要企图去影响、引导或教育他，我们就只是单纯的在一起吃吃饭，吹吹牛，聊聊天。鹏把我叫老刘，骏也这样叫，鹏称骏为阿骏，我也这样称。

在刚开始的一个月里，骏学会了刷碗——每个人都有自己的专用饭碗，都是自己刷自己的碗，骏怎么好意思让鹏帮他刷碗呢；学会了洗衣服——我们这里没有洗衣机，大家都是自己洗自己的衣服的；学会了洗鞋子；学会了叠衣服；学会了叠被子；学会了扫地；学会了收拾屋子；学会了择菜；学会了炒菜；学会了用电饭煲做米饭；学会了熟人见面打招呼等等，这些看似简简单单的事儿，都是他以前从来没有干过的，骏学会了基本的生活技能，真棒！

• 人际关系之与我们，就好比鱼之与水

骏与我的关系也亲密起来，每次见到我都主动叫老刘，很亲热，很亲切，也很亲密。

我知道骏是周杰伦骨灰级的歌迷，便经常买了一些周董的CD送给他，骏甚是开心，主动给我唱周董的歌，实话实说，唱得真好听。我提议有空约几个哥们儿一起唱歌，骏高兴应允。

☆☆　☆☆　☆☆　☆☆　☆☆

这是扩大骏人际关系视野的极佳机会。

☆☆　☆☆　☆☆　☆☆　☆☆

两天后，我的承诺就兑现了，一家很专业的练歌房的包厢里，我们七个大老爷们鬼哭狼嚎地吼了整整一个下午，大家都放得很开，吼得过瘾，唱得淋漓，痛快之至。

一起晚餐的时间，大家才得以正式相互认识，我告诉大家骏是我兄弟鹏的兄弟，那自然也是我的兄弟啦，准备来京游学一段时间，在座的五位兄弟有闲暇时都可以到我那里找他玩。大家对骏的印象很好，都称赞骏不仅人长得帅而且的歌唱得也是一级棒，骏对大家的认可与称赞表示感谢，同时，也很客观的对大家的唱功予以肯定，大家你一言我一语，笑声满堂。

在我开车带骏回校的路上，骏不停地问我谁谁谁是干什么的呀，这个人挺有水平的；谁谁谁是干什么的呀，这个人挺幽默的；谁谁谁是干什么的呀，这个人性格挺好的；谁谁谁是干什么的，这个人真是多才多艺……

他们和我都很铁，甚至超过了我与鹏的关系，我们经常在一起聚会的，都是认识超过5年的老朋友，今天你也挺开心的吧！他们都把你当作像我一样的朋友了。

回到宿舍，骏还意犹未尽，缠磨着让我讲这些朋友们的事儿。

先说那个大光头何超吧，他来北京也差不多10年了，刚来那会儿，房子都租不起，在最困顿的时候，还睡过大街。阿超不是个轻言放弃的人，他没有上过大学，也找不到什么正规的工作，只能去找又脏又累别人都不愿意干的工作，即使如此还是屡屡碰壁，最后，还是在一位老乡的帮助下，谋得一份临时的工作，就是帮安装空调的工人当助手，这个工作是很累人的，还带有一定的危险性。

阿超是助手，当然是去干一些没有技术含量的粗活了——给墙打孔，安装空调支架，高空作业安装空调室外机等活，每天下来，他都臭汗淋漓，腰酸背痛。晚上回到十几平方米的小平房——房顶经过一天的暴晒，室内就像桑拿房一样闷热，再加上蚊虫乱舞，早已饥肠辘辘疲惫不堪的他一踏入房间也就毫无食欲了，多数时候都是倒床就像一摊烂泥一样昏睡过去了。就这样，一个夏季下来，阿超瘦了20多斤，而他每月的工资只是正规安装工的1/3。

阿超可是个有骨气的人，再苦再累他都没想过退缩，其实，他家里的独苗，家庭条件还是不错的，但阿超愣是没有向家里求助，自己坚持了下来，按照他的说法——过去没有好好上学，这个苦果应该由他自己来吞，而不是再让父母来埋单，在上学的路上他已经放弃了一次，在工作的这条路上他再也不会轻易言弃了。

阿超也是个用心的人，他努力向安装工师傅学习，并买了一些相关书籍认真钻研，功夫不负有心人，同年11月份，也就是空调安装旺季过去以后，很多安装工都把主要经历转向安装热水器、抽油烟机、浴霸等产品的时候，阿超毅然决定还跟着老板干，老板也看他为人诚实，好学肯干，就主动把空调安装及维修的一些技术传授给了他，阿超很感激老板，并表示至少会在老板手下踏踏实实干两年，除非老板不需要他了。

秋冬季节是空调安装的淡季，阿超有了大把的空闲时间，他除了学习空调安装及维修知识，还跟老板学习空调销售技巧，利用业余时间帮助老板销售空调，由于他懂技术、会安装，在介绍产品时也是实实在在的，很快便成了销售能手。阿超不计报酬的帮老板推销空调行为，让老板很感动，主动给他加工资，并安排他到最大的专卖店当店长。有了更大的发展平台，阿超以更勤奋的工作来报答老板的知遇之恩，带动了专卖店销量的翻番，他对自己也更有的信心了。

冬去春来，很快又到了空调销售与安装的旺季，这个专卖店原来的店长回来了——他是老板娘的亲戚，这个肥缺他怎么可能拱手让给阿超呢，阿超就主动回到了安装岗位，这个时候安装工比较紧缺，他真心想帮老板一把。

老板也是个实在人，他知道阿超在北京打拼不易，也很想帮他一把。阿超总是抢着干最难干的、最没有油水的活，旺季活干不过来，他就加班加点地干，往往他一个人干两、三个人的活，他总是默默无闻，任劳任怨。整个夏季，阿超就像一台不知疲倦的机器一样，每天早出晚归，不问报酬，不提条件，兢兢业业。

夏季过去，阿超又是瘦了一大圈，稍有闲暇的他，又去帮老板卖空调，这个时候是空调销售的淡季，是没有人会和他抢着干这个没有油水的差使的，他丝毫不介意，依然是早出晚归的工作。老板把阿超请到家里做客，老板娘亲自为他做了一大桌菜，老板还拿出了他珍藏多年的好酒，待老板娘炒完最后一个菜也坐到桌上后，老板开始说话了，他说再也不要阿超做他的员工了，要做兄弟，此话一出，两个大男人竟抑制不住地哭出声来，老板娘也是被感动得泪眼婆娑。

老板对阿超说，既然是兄弟，我当大哥的就应该为兄弟着想，这两天我跟肖总（在国内销量排名前两位的空调品牌的北京总经理）打个招呼，把兄弟你介绍他那做业务，肖总那边的收入比我这边高的不是一星半点，发展空间也更大，兄弟，你就好好干吧，肖总那人也特实诚，你跟着他干更有前途，这是我和你嫂子共同的意思。

这次，阿超没执拗过大哥。大哥还建议阿超报个自学考试，选个市场营销或企业管理专业，学费由他出，阿超接受了大哥的建议，但执意不肯接受大哥的赞助。

踏实好学的阿超很快就得到了肖总的赏识，成为肖总的得力干将，在阿超在公司副总经理的位置干了一年以后，肖总将他介绍给国内最大的家用电器及3C产品销售商，现在的阿超已经是这家公司一个旗舰门店的店长了，年薪好几十万呢。

讲完阿超的经历，骏对阿超赞不绝口，看得出来，骏被阿超的奋斗精神感动得一塌糊涂。

此刻，我并没有进行任何评论，努力抑制住了急于教育人的冲动，此时无声胜有声！

• 品格的芳香，我嗅见了！

"那个特幽默的大个子叫什么名字呀？"骏兴趣盎然。

算你有眼光，就叫他老顽童吧，别看他天天一副顽皮样，道行深着呢，我还真不知道该怎么和你聊他，我和你说说另外一个我挺佩服的朋友吧？

他有一个大气的名字，郑翔宇，我们都叫他宇哥，以后你也可以这样叫他。

宇哥的父亲当兵转业到北京建工集团，是一名普通的干部，户口也从老家河北转到了北京。宇哥小学时户口才随父转到北京，因此，小学一半是在老家上的。宇哥并不是个特擅长学习的学生，拥有北京户口的他也仅仅考上了××农学院这样的学校，大学毕业后，他被分到乡里一个有关农业种植技术的单位，在这工作的都是些大妈大婶级别的人物，宇哥在他们中算是最有学识的了，说起种植技术，他满腹理论，但论起摘花种草这些事儿，他又是不折不扣的小字辈，所学非所用，每天重复简单枯燥的工作，让宇哥觉得前途渺茫。

宇哥向妻子提出辞职的想法，妻子表示理解与支持，这在当时还算是相当勇敢的行为了，毕竟，那是个铁饭碗。虽然有了两年多的工作经验，但在待人接物方面宇哥还是个十足的菜鸟，社会适应能力还很差，但他的胸腔中稳置着一颗刚劲怒吼的引擎。

没了工作的宇哥迅速加入到了找工作的大军，唯一的优势就是拥有北京市户口，那时的他对面试是恐惧的，每一次都需要妻子陪伴——他们一起到应聘的单位，妻子在外面等着，宇哥说这样可以很有效的缓解他的紧张情绪。

经过二十多天的找工作苦旅，宇哥成功进入一家大型食品外企，岗位是商务代表实习生。一同进入的公司的有三十多人，和其他人比较起来，宇哥说他就是个愣头青。公司给他们每人发放了一辆进口的自行车，以便于他们更方便的走访终端卖场。

宇哥说他自知天资一般，唯有以勤补拙。他每天早上6：00准时起床，看书90分钟，早餐30分钟，接着就去单位上班，单位上班时间9：00—18：00，他坚持每天多上班90分钟，他每天晚上总结当天工作10分钟，做明天的工作计划20分钟，再学习到23：00休息。宇哥一心扑到工作上，一年下来，一起入职的同事们的自行车大多还是新崭崭的，而他的自行车已经是破得不像样了，一同进入单位的30多人，也仅剩下不到一半了。两年下来，宇哥报废了三辆自行车，一同进入单位的那三十多人，也仅剩下区区几人。

宇哥每天都要把自己的精力榨干，每天过着很单调的生活——"一个工作日，穿行十条大街，访百家店，行千步路，读万行书"。他的工作量越来越大，离职人员的"疆土"都被他收编，以至于到第二年的下半年，他已经掌控了北京城区总零售网点的1/4强，工资也是翻着筋斗地往上蹿，对于这些，他好像是全然不知，因为工资卡是由妻子保管的，他只是感觉到每晚的工作总结越写越长，工作计划越来越难做。

那时，在公司内部宇哥的两个外号被越叫越响——"铁腿宇"、"包公宇"，据他的同事讲，宇哥这人忒实在了，盛夏的京城，太阳毒着呢，他愣是顶着喷着烈焰的大日头拼命地工作，脸都晒花了皮，面色漆黑如包公，太可怕了，对于他的努力与坚持，我们自愿臣服于他的"铁腿"下。

宇哥坐上北京区"老大"的位置仅仅用了4年时间，这个位置是他自己血拼上去的，他赢得那么理性，赢得那么自然，赢得那么应该，赢得那么令人口服心服。十分担心自己亵渎了这个光荣的使命，他没有别的能耐，只能比原来更加努力的工作了，他每天早上早起一个小时，每天晚上晚睡一个小时，这两个小时，一个小时用在了学习上，另一个小时用在了工作上。

宇哥说，他的职责是把工作干好，不敢奢望能把工作做得出彩，他自认为自己不是个很灵光的人，"灵"与"巧"这类的事好像与他绝缘，在不了解的他的人看来，他甚至有点反应迟钝，有点迂腐。在负责北京市场期间，他也是从来没有问过他的工资是多少，在他心里只有一个概念——领导这么看得起我，我不能给领导找麻烦，更不能给自己丢人。宇哥经常对我讲：干工作，干工作，工作就是干出来的，不干就没有工作；干工作，心放正，拼命干，即使没干好，心里也舒坦；干工作90分是干，5分是计划，5分是汇报总结，不管你再能耐，如果你90分计划、总结、汇报，10分干，那你就离死不远了；我有个偏见，就是喜欢笨拙而踏实肯干的人，而不喜欢灵巧而夸夸其谈的人……

天道酬勤。两年后，宇哥被任命为华北区市场"老大"，在这个岗位上干了5年后，他辞职了，理由很简单——他觉得应该协助一下妻子的事业，他说爱老婆就要让老婆也能够在她自己喜欢的事业上闪闪发光。宇哥协助老婆做出版发行工作，如今他们的工作坊在民营书商里已名气大噪。我知道现在的宇哥比以前更累了，但赚得比以前少了很多，但在他的言谈话语中，找不到蛛丝马迹的悔意，他还是一副风轻云淡的样子，好像"金钱"与"地位"从来都没有和他发生过关系，时代在变，但他的品质丝毫没有褪色，还是原来的"铁腿宇"、"包公宇"。

故事讲完了，骏还像一只没有吃饱的小鸟，伸着头，张着嘴，他还想让我讲更多，但我明白过犹不及。

"今天挺累的吧？"

"还好呀！"

"喜欢和我的这些朋友一起玩吗？"

"真的挺好的，老刘，你的这些朋友挺好的，下次玩还带我哦，不带我，我和你急！"

"不×××，我和你急！"这是我的口头禅，只在与巨铁巨亲密的哥们儿间谈话才用的，如今，骏也对我说这样的话，我好不开心呀！

在接下来的一个月，骏跟着我一共参加了多场朋友聚会，我们或唱歌，或爬山，或游泳，或喝茶，或打乒乓球，为了能更深入地交流，每一次我都组织大家一起吃饭。这些朋友都不知道骏的经历——我从来没有向他们说过骏所遇到的成长挫折，我压根就没有要让朋友们直接去教育骏的想法。

活动回来，骏都会缠着我讲朋友们的经历，我只着重讲两位，都讲得很透彻，每次骏都意犹未尽。朋友们到我单位来，骏都会帮我做接待，他与这些朋友都相处得都很好，外交家风范一展无遗，他也时常以此自居。骏时常主动和我聊起这帮朋友——谁谁最逗，谁谁最有才，谁谁最怕老婆，谁谁最会享受生活，谁谁最能赚钱，谁谁最有发展潜力，谁谁最会生活，我只有乐呵呵倾听的份了，间或发出会心而爽朗的笑声——骏的点评实在是太经典了。

☆☆　☆☆　☆☆　☆☆　☆☆

有必要对骏进行如此大规模的人际关系拓展吗？

答案是肯定的。

表面上看，骏是因为"初恋风波"才导致成长的挫折，深层却是人际关系问题：

1．家庭内部关系

（1）骏的父母长期两地分居，导致夫妻关系疏远及；

（2）骏在很小的时候就不太接受妈妈的教育与引导，这个问题一直没有被很好地解决；

（3）在骏小的时候，与父亲见面时间很少，父子关系淡薄；

（4）在骏遭遇成长挫折后，亲子之间沟通堵塞，父母之间的夫妻关系恶化，家庭成员之间的关系陷入恶性循环

2．家庭人际关系向社会人际关系延伸过程中所存在的问题

（1）在骏不完成作业这个问题上，骏母始终没有找出对策，这仅仅是问题的一个缩影，反应的恰恰是家庭教育与学校教育对接的错位；

（2）骏主要是在母亲的带领下长大，母亲并没有有效地将他带入到男性世界，聪明的骏绝大部分业余时间都在"自己的世界中"度过；

（3）骏对人际关系的认知体系中并没有建立起对家长的尊长人际关系体系，所以，在家庭尊长人际关系向社会尊长人际关系延伸的过程中遇到了阻碍

3．自我角色和谐问题

（1）家庭关系中的角色问题；

（2）学校中的角色问题

（3）社会人际关系问题

因此，可以说孩子成长的挫折其本质是人际关系上的挫折。培养孩子人际关系能力不是简单的说教就能完成的，需要把孩子带到实际的人际关系环境中，我们对孩子积极正向的人际关系行为及时予以鼓励及表彰，并对其在人际互动中存在的问题进行记录、整理、分析、适时教导、择机示范及创造机会让孩子在人际关系中应用与提升，百炼成钢，我们功夫用到位，孩子自然会在人际关系能力上取得成效。

☆☆　☆☆　☆☆　☆☆　☆☆

• 小孩不上学了，家长有必要这样要死要活的吗?

随着与外界接触的增多，骏也变得开朗起来，与我们的工作人员、学员都能够很好的交流，但骏还是不肯参与到课程中来。老师们请他帮忙，他也高兴应允，并会很认真完成，我认为把骏往学习方面引导的时机成熟了。

☆☆　☆☆　☆☆　☆☆　☆☆

知子莫若母。

我们把骏的情况向其父母进行了详实地描述，并请他们对我们下一步的工作提出意见与建议，他们很认真地进行了书面回复：

1．我们一致认为现在就对骏进行"引导认可"为时过早，能达到今天这样的教育效果是我们始料未及的，我们真的好高兴，但骏是个顽固不化的孩子，我们希望再多给他一些生活体验式的教育，等彻底巩固了，再展开"引导认可"的导入工作，这样会更妥当一些，虽然，我们也着急着让骏回归学校，但欲速则不达，我们再也经受不了他有丝毫的闪失了。还要请你们为骏继续操劳，我们知道骏能有今天，你们付出了大量的心血，我与他爸没齿难忘。

2．刘光应老师要带骏一起外出去家庭访问，这让我们万分感动，哪还有什么不同意之理！骏这个孩子生活自理能力很差，和刘老师一起出门，肯定会给刘老师惹很多麻烦，我们这不称职的父母只能说声谢谢啦！

3．最近，我和他爸在完成和谐家庭建设＆成才教育日记作业方面态度不是很认真，对刘光应老师的批评指正也心存些许抵触，在此，我们深表歉意！刘老师说得没错——我们是好了伤口忘了疼，现在，我们真正深刻认识到了——孩子遭遇成长挫折，我们是"罪魁祸首"，我们一定要努力学习，认真反思，加强夫妻关系，以全新的人生状态迎接新生的骏。真心感谢刘老师对我们的当头棒喝，我们再也不任性了，再也不找理由了，你们为了我们的孩子做了那么多牺牲，我们当父母的若再不知足，那就太不像话了。

对第二战场的重视是不能有丝毫放松的，骏的父母在自我改变与提升方面多次"偷懒"，如果我们不去"较劲"，新生的骏回到的还是原来那个雷电轰隆的家庭环境，后果可想而知！

☆☆　☆☆　☆☆　☆☆　☆☆

骏与我越来越熟，我们之间的谈话也轻松自如了很多，很多时候甚至"基本"达到了"无话不谈"的程度。

我选择的出差地点是河北 Z 市——这座我很熟悉的城市，我在这之前已经去过六次了，对这里的五个家庭进行过较为深入而成功的辅导，此行有两个目的：一则对这五个家庭进行回访与跟踪辅导；二则让骏有机会深入观摩别的家庭爱的运行方式。

到了 Z 市长途汽车站，众家长们列队迎接我们，这样的接待阵势让骏很受用——总统进行国事访问般的待遇。

在当晚的晚宴上，除了迎接我们的这五对家长，还增加了几个新面孔，据老朋友们介绍——他们是慕刘老师的名而来的，他们就是曾经的我们——也是为了孩子的成长挫折而痛不欲生，也是想一起来听听刘老师的高见，也想借助刘老师的智慧，让孩子成人成才。我们将近20个人围坐在一个大大的、带有自动旋转转盘的圆桌周围，吃自助小火锅，每人一个小涮锅，想吃什么选什么，方便又卫生。

笑声。

掌声。

哭声。

……

大家你一言我一语的好不热闹，老朋友们时常发出愉快的、爽朗的笑声，新朋友们个个愁眉苦脸，唉声叹气，如丧考妣。骏的头就像拨浪鼓一样随着发言者而转动，表情也是喜、怒、哀、乐、惊、恐、惧"面面俱到"，好不精彩。

席毕，我与骏回到宾馆，骏就迫不及待地问我：老刘，怎么会这样？

你具体指的是什么呀？

"不就是小孩没上学了嘛，有必要这样要死要活的吗？太夸张了吧！"骏有点想不明白。

可能这些都是孩子的亲爸亲妈吧，不然的话，不会这样子的，你说呢？

骏陷入了沉思，眼眶湿润。

我们再也没话，各自看各自的书，直至互道晚安，休息。

第二天，按计划，我们一行十几人来到一家远离市区的一个温泉商务中心，这里的环境相当好，集游泳、温泉、嬉水乐园、餐饮、健身等为一体，颇为方便。开始大家都有点拘谨，孩子们是因为多年都没有与父母一起这样玩耍过了，都有些放不开；父母们则因为这么多年来，孩子成长遇挫，他们为此整天郁郁寡欢，吃不好睡不香的，甚至连想死的心都有，哪还有半点心思去玩呀，玩对他们来说不是快乐，不是放松，而是心灵的折磨，虽然时过境迁，但余悸未消呀！

打水仗。

玩水滑梯。

在浅水区比赛竞走。

……

我与骏带动了孩子们，孩子们又带动了家长们，一分一分过去了，一小时一小时过去了，终于，大家都可以放肆地笑了，这一刻的美好时光，我真实地感受到了呼吸的甜。

快乐还在疯狂地延伸。

笑声，满满的欢乐！

尖叫声，夸张的幸福！

求饶声，浓郁的友情！

加油声。

直至每个人都精疲力竭，我们才善罢甘休。

晚餐，我们在蒙古包里吃全牛席，浓香的马奶酒，带着草原气息的自制奶酪，草原人看家本领的经典菜品，藏家擅长的歌舞，把我们的心灵带到了那令人心驰神往的美丽的大草原，马奶酒尚未沾唇，心已醉了！

大家都说这一天自己最高兴的一天。

其实，幸福真的很简单。

在接下来的几天里，我带着骏走访老家庭，我们谈论着——孩子们成长的进步，夫妻情感的融洽，亲子关系的改善等等，大家一笑一颦都那么一致，亲密得像一家人。

每天晚上，骏都会对白天接触的家庭品头论足——那个父亲／母亲／孩子是什么样什么样的人，他／她的优点是什么，缺点是什么，他／她应该向谁谁学习什么什么方面等等，还建议我把他的话记下来，以便于给他们做工作时参考，真是我的好助理呀！

还没有把老家庭拜访完，就有新家庭邀请我们帮助他们去做孩子孟骥的工作——各位朋友，你们应该很清楚我的工作原则吧，原则上讲，我是不会如此草率地去见一个我根本不了解的孩子的，更不可能冒昧的去"硬"教育他的，但这一次我同意去"会一会"孟骥，为了那五个孩子，也为了骏。

为什么是"会一会"呢？

有这几层意思：

1．接触一下孟骥；

2．了解一下孟骥的环境；

3．只是停留在"会一会"的层面，绝不是去"训一训"或别的，只是"会一会"是不会斩断以后可能往下走的路的；

4．在会孟骥的同时，可以观其父母之天地。

我把我的意思与家长讲得很清楚，我是去看看，看看孩子外在的表现是怎样的，我的行为最多是向前延伸一步——与和孟骥相熟的人一起邀孩子出去玩，如果他不配合，要退缩的人只能是我。

我之所以同意这样"草率的"见孟骥，一方面是想给其他孩子特别是骏一个"反面教材式的教育"，让他们看看别人"疯狂的样子"、"不听好言相劝的、不知好歹的、不知天高地厚的可恶嘴脸"、"不顾自己前途的、我行我素的、偏执到变态的非理性行为状态"——因为，我从孟骥父母的口中已经得知他对电脑游戏的痴迷程度——恨不得抱着键盘睡觉的主儿，这样的教育机会很是难得；另一方面，我们去看看孟骥，顺便邀请他出来透透气，打打球什么的，对他也不会造成任何伤害，还让我对他有了直观的印象。

我们一行七个人到了孟骥的家里，他卧室的门紧闭着，我们在外面只能听到微弱的、敲击键盘的声音。

咚咚咚

没反应。

咚咚咚

没反应。

咚咚咚

没反应。

咚咚咚

没反应。

……

嘭！！！门开了！

"烦不烦呀！"一张因极端愤怒而扭曲的脸，一双能吓死几头牛的凶眸，一声厌烦到顶的嘶吼，孟骥给我们的第一印象挺有冲击力的。

与孟骥一起涌出来的还有一股股恶臭的空气，他卧室里的空气太稠了，以至于大家都有吸不动感觉——骏说如果让他在死与呼吸孟骥卧室的空气之间做一个选择的话，他会毫不犹豫地选择前者，话虽夸张，但很能说明问题。

大家把孟骥围了起来，你一言我一语的开始劝他加入我们。

一起去玩玩嘛。

我们出去打打球吧。

人多才好玩呢。

自己一个人多孤单啊。

任凭大家怎么说，孟骥总是低着头，闭着眼，皱着眉，拧巴着脸，错咬着牙根，积攒着怒火。

"够了！"更夸张的嘶吼，伴着死命地跺脚，透着刺骨的寒与浓浓的杀气。

大家都呆住了。

"滚吧，别烦我！"分明是至高无上的王者对下贱的草民下命令的姿态，说完，孟骥拨开人群，扑倒在床上。

我示意大家撤退，并在撤退之前让与孟骥最相熟的乔金添对他说了一句：打扰你了，我们走了哦。

出了孟骥的家门，大家都迫不及待地下楼，争先恐后地夺楼门而出，大口大口样子很夸张地换气，一口接一口，没完没了，样子可爱极了。

"有什么了不起，丫的，我真想抽他！好像谁欠他什么似的！"说话的是骏，他着实被孟骥给气着了，眼睛红得像被惹怒的斗牛。

理解万岁！理解万岁！

想当初我是有过之而无不及呀！三十年河东，三十年河西，浪子回头金不换呀！

刘老师，这家伙可是个硬骨头，头不是那么好剃吧？！

大家七嘴八舌的轮番对骏进行劝慰，直至把暴怒的斗牛驯化成温顺的小绵羊，才偃旗息鼓。

如果应用得当，反面教材的教育威力同样不可小觑。

Z市之行，骏学会了一句口头禅——太恐怖了！

在回京的路上，骏把这个口头禅用得出神入化。

"孟骥欺人太甚，自视清高，不把任何人放在眼里，真是年少轻狂，少不更事呀，太恐怖了！"

"那个高个子的妈妈真是太能唠叨了，你居然还说她进步很大，那没有进步之前得是什么样子呀，太恐怖了！"

"我觉得在这些家庭中冯顺景家应该是最和谐家庭的了，这主要归功于他爸——如果天下的父亲都是像他那样胸怀宽广，这世上就不会有不和谐家庭了，什么都能包容，太恐怖了！"

谈论起别人的父母，骏的兴致很高，他惯用的句式是"×××的父亲/母亲要是在×××方面能这样……这样……这样……，那他们这个家庭就更幸福了；谈起孩子，骏更是有"指点江山"的气势，他管用的句式是"×××在……方面、……方面、……方面还是很OK的，如果能在……方面、……方面、……方面这样……这样……这样……，在不久的将来他将是个不俗的孩子——这本是我的口头禅，又被这个家伙给剽窃去了。

☆☆ ☆☆ ☆☆ ☆☆ ☆☆

近两三年来，在父母的眼里骏就是个丝毫不懂人情世故的"仙子"，根本不理解父母的感受，接触的人就那屈指可数的几个，整天就几件事——上网、吃饭、疯玩、睡觉，这样的生存方式，导致他的性格越来越怪癖，每天梦游一般的生活状态，让父母担心随时会失去这个孩子。蓓说她很害怕看到孩子因上网猝死的新闻，每每看到这样的新闻她都会心如刀绞，整个人就像被抽了筋一样，丝毫没有了气力，甚至连个手包都拿不住了，所以，她开车的时候从来不敢听新闻。

Z市之行进一步把骏这个"仙子"拉到了"凡间"，人间的喜怒哀乐、人情冷暖、酸甜苦辣、五谷杂粮对他来了个"醍醐灌顶"，亲子关系、家庭和谐、学业、成长挫折、生活、个人成长、自我教育成才等等大家日常探讨的词都化作我与骏对这些家庭的互动中，都化作大家的一颦一笑之中，都化作大家集体娱乐的欢声笑语之中，都化作大家对我们浓浓的感激之情中，都化作大家相聚的一餐一饭之中，"生活"这种东西已悄然在骏的血液中流淌着了，安静时的骏已是嘴角上扬的表情，骏曾用冰山包裹的内心世界正被这"人间真情的暖风"慢慢消融，此行，值了！

对骏更大力度的爱的教育的时机完全成熟了，自然成熟的果子最好吃，再不行动，更待何时？

☆☆ ☆☆ ☆☆ ☆☆ ☆☆

实话实说，骏对这些家庭成员的点评及建议是很有价值的，也为我更进一步了解骏打开了另一扇窗户。我请求骏给我一份总结报告，骏说他也正有此意。骏的总结报告洋洋洒洒写了八页，丝丝入扣，入情入理，水平之高让我们震撼。

• 骏哭红了双眼，好想回家！

☆☆　☆☆　☆☆　☆☆　☆☆

父母对孩子的教育最核心是"爱的教育"，最难也是"爱的教育"，爱是亲子之间最重要的情感联结。

我们的和谐家庭建设＆成才教育的核心也是"爱的教育"，爱是教育最终极的、最有效的人文关怀与人格影响。

☆☆　☆☆　☆☆　☆☆　☆☆

我的母亲在2008年的11月被查出重病——胰腺癌晚期！本来妈妈身体就很弱，我深知妈妈是经受不了这种恶病折磨的，就请求医生给予妈妈最好的治疗，而医生综合会诊之后给我的答复却是"让你母亲少受些罪吧，开些药回去吃，照顾好一些，这我是对她最适合的了，若再做别的，只能让她更痛苦"——又一个晴天霹雳！

在妈妈的一再坚持下，我把妈妈送回了老家，由姐姐、哥哥、嫂子悉心照顾，即便如此，我还是对妈妈深深的牵挂，经常夜不能寐。

妈妈的命运是坎坷的，她6.7岁的时候就父母双亡，很有天赋的她没有条件进入学堂，至今，妈妈也只是会认她的名字。自从有了劳动能力的那一天起，她就没白天没黑夜的劳作。20岁时嫁给了我父亲——而我父亲也是个苦命人，不到5岁就没了爸爸，20多一点母亲又去世了，兄妹13个都是贫农，没有钱，没有房，没有耕牛，没有新衣新被子，没有家具家电，按照爸爸的话说那时妈妈能嫁给他算是下嫁，但妈妈不在意这些，她在最困难的时候还总是想着别人，她很要强，是生产小队的劳动模范，为了多挣工分，她一个年轻弱女子就去拼干壮年男士的活，而且，决不占公社的便宜，只许多干多而不少干一分。日子稍稍好过一点，家人稍稍能吃饱饭，妈妈就开始救济更贫苦的邻居，妈妈总说我们比他们强，我们有劳力，应该帮帮别人，我们有得吃就不能让邻居饿肚子，我们少吃一口没有多大影响，但就这一口甚至可以救一个人的命。妈是经过苦难的人，她对饥饿的感受是深刻的，她这样坚持没人反对她，加之，我父亲也是个热心肠，所以，我妈妈在我们当地方圆几十里都很有名气——大家都称颂她菩萨心肠。

妈妈的贤惠远近闻名，左邻右舍的起突纷争，家长里短的内部矛盾都会找妈妈调解，每次妈妈都能"凯旋"而归，妈妈常说：互敬就能互让，互让就会和平，和平了就是幸福了——不知妈妈从哪里学来的，对别人管用，对我们也管用。

妈妈总是心里装着弱者，装着曾经帮助过我们的人，她用行动实践着这个理儿——人敬我一尺，我敬人一丈。每年农忙时节，妈妈都会让爸爸先去帮我大伯家干活，等把大伯家的活干完再回家来，妈妈总说：大哥年龄大了需要我们帮助，大哥身体好是我们家的福气，我们多累一点没关系的，力气用完了，休息一下又回来了，年龄大的人过度劳累会累垮的。我们自个家的活也很多的，我家五口人，十亩水田，八亩旱地，每到农忙也是一场苦战，何况那时我们姊妹三个都还小，其实，我妈妈身体一直都不是很好，她是很要强，很拼命地那种人，就算我爸爸在家与她一起忙活都会很艰难，但妈妈还是坚持她的主意。

日子逐渐好过一些了，我爸爸又急病而终，走时才45岁，那年妈妈46岁。爸爸走了，妈妈成了我们的"心头宝"，随着，姐姐、哥哥都有一定的经济能力，都想着让妈妈多休息，但妈妈是个闲不住的人，她依然像"永动机"一样不知疲倦的辛勤劳作……

我决定带着骏一起回老家看望母亲。这时带骏出行已经没有任何障碍了，他很享受这些出差的时光。我把骏带到了老家——一个大别山区的贫困小村庄。

进了家门，我就迫不及待地找妈妈，妈妈坐在一把带扶手和靠背的小椅子上，身上裹着被子，双臂趴放在床边，额头轻点在叠放着的双手上，我只能看见妈妈的侧脸——枯瘦而蜡黄，我不忍惊动妈妈，呆呆地站在妈妈身旁，泪如泉涌，抑制不住地哭出声来，还是惊动了妈妈。

"老儿呀，别哭！"妈妈的声音十分微弱。

我再也控制不了自己的悲痛，放声大哭起来，为不影响妈妈，哥哥把我赶了出来，在妈妈听不到的地方，我哭了很久很久……

骏也哭得很伤心，可能是他没有经历过这样悲戚的场面。

姐姐对我与骏说：妈妈不能够躺着睡觉，从医院回来后就一直这样趴在床边，总是这样半睡半醒的状态。医生说，这个病的这个阶段很折磨人的，时刻不间断的剧痛让病人痛不欲生，生不如死。妈妈很坚强，她怕我们担心，总是强忍着疼痛宽慰我们，妈妈太可怜了！现在妈妈几乎是什么东西都消化不了，每天我们都变着花样的做汤给她喝，每次进食都很痛苦，但妈妈都在强忍着，这个病还有一个特点就是消瘦，老弟呀，你看妈妈都瘦成什么样子了呀，呜呜呜……姐姐说不下去了，我们都泣不成声，许久许久……

久久的哭过，悲痛的情绪就得以最大程度的释放，又回到妈妈身边静静地陪伴妈妈，因为找不到合适的宽慰妈妈的话语，我就轻拥着妈妈，轻抚妈妈花白而稀疏头发，看着妈妈因消瘦而变形的脸庞，我心如刀割，心里默默祈祷——要是妈妈能好起来，我愿意放弃我的所有。妈妈此刻正忍受着巨大的病痛，她努力控制着自己的表情，因为消瘦而显得大得有点夸张的眼睛尽力"精神"地看着我，声音异常虚弱："老儿，妈舍不得你们呀！妈也不想走，妈还没活够呢，这由不得咱，别哭，以后你们三个都要好好的哦……"妈妈已经没有气力再说了，我也不忍心再让妈妈说了。妈妈的话语让我们在场的每一个人——我，骏，姐姐，哥哥——都泪眼婆娑。

妈妈的这些往事都是姐姐讲给骏听的，骏听着听着就忍不住地哭，哭完还缠着我姐姐给他讲，姐姐继续讲骏边听边哭，讲到后来，姐姐是边哭边讲，骏是一直哭着听。

鲁迅先生讲过：悲剧就是把美好的东西撕碎了给人看。我不能说妈妈的一生很悲剧，因为，妈妈是个天生的乐天派，但妈妈一生经历坎坷，充满了悲剧色彩。

在照看妈妈的间隙，我带着骏去拜访左邻右舍的长辈们，我们所聊的家长里短都深深地吸引骏的耳朵，他总是静静地听我们讲话，像听一场场对他至关重要的报告会。

每次拜会老乡回家，骏都有一大堆问题要问：

"为什么那个叔叔四十多岁了还不结婚呢？"

——因为贫穷。

"为什么那个奶奶病成那样还不去医院治疗呢？"

——因为：1. 贫穷；2. 子女不孝；3. 对疾病的无知。

"为什么现在这个社会还用牛耕地呢？"

——因为:1. 这样成本更低；2. 农村的劳动力价值低廉；3. 农业机械化是要有规模作业要求的；4. 农村落后的生产方式问题。

"为什么他们都不想致富的门路呢？"

——因为没有文化——过去没有条件去学习文化知识，就像我妈妈，她能活下来就相当幸运了，就不要奢谈上学了，没有文化就会失去很多个发展的机会，虽然不能说没有文化就一定愚昧，但这个社会没有文化是可怕的。我的这些老乡中，很多都五六十岁还没有去过地市级城市，他们很多都是文盲，按照他们的话说"出门两眼一抹黑，东南西北都分不清，万一走丢了，不就倒霉了吗？还不如在家歇着呢，又不是没得吃没得喝的。"

"为什么就不能拿钱给父母治病呢？"

"为什么政府不给他们治病呢？"

"为什么插秧还用人工呢？"

"为什么这些叔叔、阿姨们这么喜欢打牌呢？"

"他们就不能把时间都利用起来搞致富项目吗？"

"政府为什么不搞些工厂让当地老百姓致富呢？"

……

美好的田园风光，悠闲自得的田园式生活，曾经是骏梦寐以求的"理想生活"，骏曾说过他有"陶渊明情结"，但当这种生活零距离侵染他的时候，骏心目中的"象牙塔"轰然倒塌，此时的骏，或许惆怅，或许失落，或许释然，或许……，但我可以肯定，骏一定在思考一些很深层次的东西——关于他的家庭，关于他的亲情，关于他的成长，关于他的人生路……

骏很后悔没有带相机，他说他要记录这一切，这些都是他从来没有触碰过的真实的存在，他想用通过对画面的记录让他思考"曾经失落的自己"，他说他要用更宽广的"视界"打造他博大的胸怀——"安得医院、学校千万家，使得病残老幼、失学儿童尽欢颜"。

我不得不返回北京了，因为还有几十个像骏一样的孩子需要我的力量。

我先到了县城，在县城待一天，我们七八个初、高中同学聚会；再到地级市，在地级市待一天，我们十几个高中同学聚会；再到省会城市，在省会城市待一天，我们十几个大学聚会；到了北京一群朋友给我们接风。这样的行程安排是我有意为之，"精诚所至，金石为开"，旅途的经历让骏感悟颇多。

☆☆ ☆☆ ☆☆ ☆☆ ☆☆

爱的教育不能脱离现实生活，不能脱离个体的生活阅历，不能脱离个体对生活的感受，爱能不能积极而正向的被传递与接受，受以下这些因素的影响：

和谐家庭建设＆成才教育爱的传递过程

爱的传递	传递者	被接受者认可的程度	性格认可
			行为方式认可
			人格认可
			引导认可
		真实的意图	
		传递的方式	
		传递所持续的时间	
		传递者人格品质的社会评价	
		传递者才学的社会评价	
		传递者应用社会积极、正向资源的状况	
		传递者理解与"爱"被传递者的程度	

续表

爱的因素传递	爱的因素接受者	爱的内容构成	
		爱的内容与被接受者生活体验的匹配性	
		"爱"的传递形式	
		"爱"的传递形式与被接受者理解能力的匹配性	
		爱的正向能量大小（爱的品质因素）	
		爱的能量与接受者成长阶段的对爱的需求层面的匹配性	
		接受者对传递者的认可程度	性格认可
			行为方式认可
			人格认可
			引导认可
		"爱"的经历	
		对"爱"的体验	
		对"爱"的理解	
		对"爱"的接受过程及程度	

☆☆　☆☆　☆☆　☆☆　☆☆

爱的种子已在骏的心里与我们的平台上生根发芽，我们需要把"我们的平台"转变为"骏的家庭"，其实，骏与其父母都已经准备好了，那我们还等什么呢？

☆☆　☆☆　☆☆　☆☆　☆☆

对孩子所实施的成才教育离不开父母的配合，单纯让孩子单独成长的方式是不可取的，在整个过程中都丝毫不能撇开家庭的积极作用，因为：

1．"父母最知儿"，要了解孩子每个阶段表现的深层次心理因素，必须参考父母的观点；

2．对孩子成才的规划，离不开对其家庭资源现状的精确把握，不考虑现实状况的规划，可行性就大受影响；

3．爱的环境需要每个家庭成员共同营造，爱的品质的提升有赖于每个家庭成员对爱的理解能力的提升及付出方式的调整等等；

4.成才教育的核心是孩子的能力得以最大程度的、积极正向的延伸，但本质却是整个家庭成员的成长。为此，我们每两天给骏的父母通一次电话，倾听他们对成才教育新的理解与感悟，把骏的最新情况传递给他们，并给他们布置新的家庭作业。

在对骏进行爱的教育这个环节，我们投入的精力与资源都是很大的，这样做有必要吗？其实，在骏到北京三个月后就已经具备了"劝说让骏回到教室的条件"，而我们为什么没有这么做呢？这是一个家庭教育者的工作追求层面的问题，要想简单的解决孩子单一的社会功能缺失的问题是一种工作要求Ａ；要解决孩子对"社会功能缺失"的认知问题又是一种工作要求Ｂ；要解决孩子对"人"与"社会"的理解问题又是一种工作要求Ｃ；要解决孩子对"成才"的理解问题又是一种工作要求Ｄ；要解决孩子对"爱"的理解问题也是一种工作要求Ｅ。如果你仅仅把你的工作要求定格在Ａ上，你很容易变成孩子的家长，你的教育也很容易变成"硬教育"、"强加式或灌输式教育"甚至是"暴力式教育"，即使"碰巧"取得了一些成果，这些成果的"下场"也会是"包裹火的纸"。我们不要自恋于自己的教育水平，千万别觉得自己比家长朋友们高明多少倍，我们比家长朋友们多的只是经营"爱"的起步条件，能认识到这一点，我们就不会犯假、大、空的错误了，就不会大包大揽，就不会轻易承诺，就不会有"不经一番寒彻骨"就想闻扑鼻的梅花香的奢想了。

成才教育工作是复杂的，是艰难的，但也是有规律可循的——那就是要用生活化的教育、爱的教育去"弥补"孩子在成长过程中所缺失的重要的"经历"、"能力"与"爱"，我们的工作是在做"人生的填空题"，需要做多久，取决于题的数量与难度，所以，这还不是个可怕的工作，但如果认识不到这些，总想着"萝卜快了不洗泥"，总想着走捷径，这才是可怕的，这是我送给同行与家长朋友们共同的忠告。

☆☆　☆☆　☆☆　☆☆　☆☆

• 放虎归山

安排骏与其父母见面的过程是顺利的，没有催人泪下的言语，没有情感激越的拥抱，没有海誓山盟的承诺，一切是那么的自然，那么的平淡无奇，但却真情切切，爱意浓浓，幸福满满，沧桑过后，平平淡淡才是真。

骏的爸妈晃着我眼了，骏爸好像胖了不少，一身潮装，青春又动感，并自称"也要从新活一回"；骏妈一脸的幸福笑，一直是笑不离口，乐得嘴都合不拢了，他们两个加起来年轻了二十岁都不止，真是"人逢喜事精神爽"呀！

为了让骏的爸妈更直观地了解骏的改变，我安排孟鹏完成一个记录骏生活与学习的幻灯片，令我意外的是骏主动请缨投入到了制作的全过程，30分钟的一个幻灯片，花费了他们俩好几个日日夜夜，制作过程中，骏数次感动垂泪，大功告成后，骏昏睡了一天。

在播放幻灯片的过程中，大家泪湿了小半盒纸巾，我们感动自己对成长的努力，感动别人对我们成长的支持，感动成长中的真善美……，成长真好！

骏泪眼蒙眬与我们道别，踏上回家的路，带着我们的祝福，带着他"狂妄"的"发展规划"。

• 是金子总会发光的

骏狂妄的发展规划的第一步实现了，他现在已在国外的一所名校里学习。惬意的象牙塔生活让他重新意气风发。骏参加了大量的校内外活动，从他的来信中总是能看到他的成长、成熟和进步、更让他父母高兴的是，骏有了新的女朋友。经历了一番痛苦的折腾，这个家庭又恢复了往日的快乐，但愿他们永远快乐下去……

是金子总会发光的，至于什么时候发光，那就取决于那层遮掩其光芒的尘土什么时候被拭去了。

第 四 章

枯木? 逢春!

一个多次接近死神的孩子，遍体鳞伤，心如死灰，人生跌入了漫长的冬眠期……

他还有救吗? 他的春天还会到来吗?

• 神秘的暗访者

前年的夏天，我的助理何波接待了一位特殊的来访者，此人男性，看上去60多岁，身材偏瘦，170cm左右的个子，不足60kg，头发花白，但梳理极为调理，面色略显苍白，眼睛炯炯有神，透着一种坚定与自信，虽在盛夏，他却身着长袖衬衫，加厚的裤子，整个人看上去干练智慧，但健康状况欠佳。老者一进门就很礼貌地询问："请问刘光应老师是在这里吗？"

"刘老师出差了，请问您找他有什么事儿，方便和我说吗？"

"我不能确定你们能不能帮助到了我，我能先了解一下你们的情况吗？"

"请问您的孩子是什么情况呢？"

"孩子的情况非常特殊，暂时不太方便讲，我先了解一下好吗？"

"当然可以了，您想了解什么尽管问我就是了。"

来访者与何波聊了近4个小时，基本上都是一问一答的形式，每每回想起当时的情景，何波都会说：我被他给掏空了，他真是个顶级的大侦探呀！他把我们的人员、理念、工作方法等等方面都问了个底朝天。马拉松式的问答过后，来访者就告辞了，没留下他的任何信息。

三天以后，那位老者又不约而至，何波依然热情地接待了他，这次交流让何波更意外，老者对我们单位的了解程度远远在已经在此工作两年多的他之上，交流的重点都聚焦在了我的身上，何波说他几乎把他和我有交集的大大小小的事儿都翻腾出来了，才勉强应付了那位老者连珠炮似的问话。这一席问答又是三个多小时，实在是没有什么可问了，老者当着何波的面给我打了一个电话。

"刘老师，你好！我在你的办公室里呢，请问你什么时候回来？"

"我还需要4天才能回京，有什么事您可以与我办公室的人员先谈谈。"

"我与何老师谈过了，觉得你是能够帮得了我的，我们太需要你的帮助了，请问最快能给我们安排什么时间？"

"谢谢您对我的信任，您与何老师确定时间吧。"

这一次，何波才知道老者叫李永丰，他是替他弟弟咨询的，受挫折的孩子是他侄子。他们商定一周后我们驱车到长沙到访。

• 父子对打，动刀动枪的，那场面真是让人揪心呀！

清晨，薄雾，从北京出发，走大广高速，晚上十点之前就到了长沙。

孩子的父亲李永福先生接待了我们。晚餐过后就将近23点了，我看那两位都累得不像个人样了，就与李先生商定明早8：20我们三人准时在宾馆大厅等他们夫妇俩，8：30之前开工。

李先生早早的在宾馆二楼订好了茶座单间，屋子足足有40平方米，大面积的落地玻璃窗，朝向正南，通风好，采光足，还正对着宾馆偌大的内部花园，没有喧嚣，只有鸟语花香，室内珍稀的红花绿植环绕，人造山水掩映，一水的明式红木桌椅，考究的端砚茶海，精工的紫砂茶具，墙上悬挂花鸟鱼虫国画四条屏，怎一个"雅"字了得。

大家都很准时，8：30之前都整整齐齐地坐在了这雅雅的茶座了。

李永福与周婷这对夫妇堪称郎才女貌。李先生虽只有初中文化程度，但多年的商场磨砺，风雨洗礼，也修理得举止得体，仪态潇洒，动静相宜，自信有度，待人接物分寸恰当，儒雅中透着睿智，尽显成功男士的风范；周女士穿戴合体，身材苗条，五官精致，眉清目秀，粉黛自然，梳理匠心，看上去贤淑优雅，灵动靓丽，亲切知性，十足的贤妻良母韵味儿。

"这次时间紧，任务重。我把我们商定的工作安排再简单重复一下：今天上午主要是完善家庭信息，下午及晚上主讲孩子遇到挫折母亲怎么办；明天上午一部分时间完善家庭信息，剩下的时间、下午及完善主讲孩子遇到挫折父亲怎么办；后天主讲在孩子遇到挫折的情况下如何重建家庭和谐；最后一天上午主讲父母应该懂得的青少年自我教育成才规律，下午及晚上一起制定下一步家庭发展目标及实施计划，你们看这样的安排是否妥当？"我最喜欢开门见山的推进工作。

"刘老师，您是专家，按您的安排就行，我们绝对配合。"李先生对我们的安排没有异议。

"你们可以谈一谈有关你们家庭的情况，内容从你们个人的生活、成长、结婚、夫妻关系、生子、教育孩子的理念及方法、孩子遇到挫折之后你们的举措及孩子的反馈等等，再到孩子的生活、成长、与你们的互动、人际关系状况、受挫折的经历等等，但凡和你们这个家庭发展有重要相关的人与事都要详细说一说，如果涉及个人隐私，可以保留，你们谁先，请。"

周女士哭诉。

刘老师，我是个不称职的母亲，现在孩子整天待在家里，动则挥刀耍棒的，我真的是不知如何是好了。在他没出事之前，我管他，说他，训他，骂他，甚至是打他，我都是很有底气的，但现在不行了，连和他说一句完整的话都很难了，我们是做错了事儿，但终究还是要继续生活下去呀，现在哪像个家呀！

四年前，他整天都趴在电脑前，饭不吃觉不睡的，我们担心时间长了把他熬糟死了，就劝他，但谁劝他都不听，他爸也是着急呀，就动手打他，你说孩子个子比他爸都高了，哪能服打呢，他们父子俩就对打，动刀动枪的打，那场面真是让人揪心呀，一边是儿子，一边是老公，我左也不是，右也不是，只能气急败坏的摔东掼西，他们看我真的急了，也就暂时偃旗息鼓了，但矛盾就更深了。凭心而论，开始的时候，我是支持他爸与他打斗的，旭这个孩子简直是太固执了，在他对电脑网络最痴迷的时候，毫不夸张地说每天他得有十六、七个小时都在盯着电脑屏幕，不刷牙，不洗脸，不洗澡，不吃饭，甚至是水都不喝，眼睛里全都是血丝。我们也是担心他把眼睛给打瞎了，更害怕他猝死在电脑前，那时候新闻上就有小孩打电脑猝死的，我们俩都吓得睡不着觉，旭的那种疯狂劲儿，离猝死也不远了。无论如何也要把他从那种状态下解救出来，我们俩都急疯了，都像火药桶一样，说不到三句完整的话就开始吵架，相互指责，埋怨，谁也不肯示弱，就差大打出手了，这一点上永福还是个真汉子，他再怎么着急，也都没有动手打我的意思。

• 多次在医院里寻死，他还有救吗？

我们俩都没有办法了，怎么办呢？搬救兵吧，就请亲戚朋友过来帮我们劝旭，那时候旭就像着了魔似的，任谁的话都入不了他的耳朵里去，而且对大家越来越不礼貌，不耐烦，甚至是反感，好像是专门和大家较劲似的，我们越是搬救兵，他就表现得越过分。亲戚朋友都指望不上了，我们还得想辙呀，就上网查资料，找教育孩子的专家，北京的，上海的，广州的，但凡知名点的，我们都想办法联络到，就请他们来，刚开始还好，孩子还能听进去几句话，后来就开始反感了，这个不行我们就换那个，走马灯似的，前前后后也换了好多人，但孩子的状态好像越来越差，再到后来他就急了，就准备上刀子了，放言再敢找人来打扰他就让他"白刀子进红刀子出"。这条路又被堵死了，怎么办呢？我们请过的人确实不少，所以，大哥找到你们的时候是很谨慎的，确认你们跟他们都不一样，确认你们的方法行得通，才敢请你们的。那时，我们俩真的把工作都抛在一边了，你说咱们拼死拼活的忙活不就是为了这个家更好的吗，孩子着了魔，都快保不住了，我们工作得再好又有什么用呢？我们俩每天都干着急，那种日子真是度日如年呀，在没有孩子这事儿之前，我是没有白头发的，什么毛病都没有，现在呀，年龄不大，问题不少，头发也白了，血压也高了，心脏也不太好了，还经常闹头疼，他爸也是一下子衰老了好多，本来工作压力就挺大的，厂子里一百多口人都等着他支配，里里外外都少不了他，在单位一个人当好几个人用，回家又得受煎熬，你看他现在多像六十多岁的人呀，其实，今年他还不到五十岁。孩子的事儿是真虐心呀，真是像身体里的血液一样，离不了，也扔不掉。

所有文的都不奏效，只能来武的了。我们也听说有那种强制的托管学校，虽然孩子把我们折腾得不成个人样，但真的要对付他时，我们还是比较谨慎的。那时，湖南卫视有个叫变形记的栏目，就是不听话的、家庭条件相对较好的城市孩子与听话的、家庭贫困的农村孩子到对方的家里生活一周，让不听话的孩子感悟到生活的艰辛进而转变思想，我们都挺认可这个方式的，就托人申请参与，我们真的是横下了一条心，不管什么家丑不家丑了，也不管什么面子不面子了，孩子的事儿比什么都重要。他们栏目组也接待了我们，但听说我们孩子这种情况之后，说不方便接待，就拒绝了我们，这条路又行不通了。他们栏目组里有个热心人给我们介绍了一个托管学校，我们就像抓住了救命稻草，当即就开车过去了。那里面的孩子还真不少，大的小的，男孩女孩都有，虽然我们也觉得不是那么满意，但也没有别的选择，就办理了相关的手续。他们听完我们对孩子的介绍后，就说只能强制把孩子带去了。

他们一行五人，一溜水的彪形大汉，四个人一人条胳膊一条腿的把孩子钳制到了车上，我们都没有和孩子打个照面，他们就直接把孩子押走了。后来我们了解到，旭的反抗相当剧烈，别看他骨瘦如柴，拼起命来也是能量惊人，把其中一人的上衣都撕扯烂了，还把其中一位的脸都挂花了。到了他们的托管所，孩子就和他们对着干，旭这孩子典型的吃软不吃硬，就绝食。我们多次打电话询问孩子的情况，他们总是不说具体问题，就说一切正常，敬请放心之类的话，也不让我们去看孩子，并要求我们遵守约定，尊重他们的工作。虽然还是很担心，我们知道与他硬碰硬是没有什么好结果的，但又不能做什么，只能祈祷奇迹的发生。

奇迹是发生了，但不是我们想要的。在旭入托管所不到两个月的时间，我们接到了他们的电话，说孩子便血了，情况很危险。我们俩都在出差，正好旭的大伯在长沙，永福就给大哥打通了电话，等大哥到了医院，医生说人不行了，要停止治疗。还是大哥果断，当即要求医院用最大胆的方式抢救治疗，菩萨保佑，孩子的命算是保住了，胃切除了一大半。孩子也被这次突如其来的事故击垮了，一个大小伙子全没了精气神，眼睛里没了丝毫的生机，就像死鱼眼一样，看到孩子这个样子，我想死的心都有。孩子失去了生的欲望，多次在医院里寻死，幸好都被我们化解。那段时间，简直是度分入年呀，我看太阳都是黄色的，世界好像变成了黑白两色的了。永福也是悲悲戚戚的，公司的事也全由大哥支撑，本来大哥身体就差，这样的情况持续了一年多，我觉得再也不能这样下去，不能被生活打败，我就开始调整自己，先调整作息，不管夜里睡着睡不着，白天都强打起精神坚持上班，我一心都扑在工作上，替大哥分担一些，我们已经失去了旭这个孩子了，不能再失去一个至亲的人，毕竟，大哥也有一大家子人，他的事业比我们做得大多了，他这样抛家舍业的帮我们，我们也不能总是得寸进尺呀。我好起来了，永福也慢慢缓过劲来了，我们就商量趁着还干得动多为旭积累些，他身体不好，这样以后也不至于缺吃少喝，挨饿受冻的。话虽这么说，但我还是心有不甘呀，当妈的，谁不希望自己的孩子成龙成凤，生龙活虎呢。

从医院回来后，旭也逐渐有了点活力了，年轻人毕竟恢复得快，但身体还是有问题，总闹脾气，老是说肚子疼，刚开始我们还觉得是旭故意找茬呢，到医院一查，还真是有问题——肠粘连，又是一个大手术，这个孩子真是遭了大罪了。

这接连的打击真的把旭给打懵了，这次从医院回家，他彻头彻尾的变了，变得我这个当妈的对他一点都琢磨不透了，变得让我害怕他了，他的目光里充满了仇恨。他开始变着戏法的折腾我们，他肆无忌惮的释放内心的阴暗与贪欲，我们所有的人都必须无条件的满足他的要求，只要稍有怠慢，他就会狠狠的还以颜色，并放言他生活的意义就只剩下折磨我们了，既然我们让他变成了废人，他绝不会善罢甘休的。那时，我脑海里总会冒出来一些稀奇古怪的想法，就是希望他搞点动静出来，这样我的心里还踏实一些，至少我还确定他内心还有欲望，如果哪天没有个事儿，我心里反倒忐忑不安，心跳得像打鼓一样，坐立难安，就请保姆去打扫他的房间，或是请保姆去给他送些水果，直到听到他的叫骂声，摔打声，我的心才能稍得安宁，你说我的心理是不是也变态了呀？

家里这些事儿也没办法向外人说，也就三四个最要好的姐妹知道，和他们唠叨唠叨，我心里也会好受些。这样的日子又维持了半年多，孩子的脾气越来越小了，身体也好了很多了，我们之间的正面冲突基本上没有，孩子身体遭了大罪，我们要负主要责任，不管怎么说，他都还是个孩子，我们不能把他往绝路上逼，只能是"骂不还口，打不还手"了，让他把内心的压力释放释放，或许会更好一些。

最近个两三年呀，我们这个家都不成个家的样子了，在外面我有时还能强撑着，努着劲儿打起精神，到了家我真的是很难立起来了，有时一回到家，我躺卧在床上就像死猪一样起不来，迷迷糊糊的就睡到第二天一大早，一起床就想往外跑，不想在家里多待一分钟，有时甚至是头不梳脸不洗的就往单位赶，到了单位才有心思梳理。你说这是不是也不正常呀？

我也找人看过我们家房子的风水，说是风水不好，可永福不信这一套，其实，我也不是太信这些的，走投无路了吗，也就是想换个心情。

前一段时间，我尝试着组织一些亲戚朋友在家里聚会，让家里多一些生机，开始旭没有多大的反应，我就在这些人中间掺杂些心理专家，大家故意大声聊天，目的也是想让他听上几句，哪怕有一句听进去也行呀，三两次还行，再后来，就又操刀弄棒的了，把家里打砸得不像个样子，真的是没有办法呀，我这个妈不好当啊。

"这段经历真的是挺坎坷的，你们全家人都深受其苦，我听起来也心情沉重。咱们聊点轻松一些的话题吧，请谈一谈旭没有遇挫之前的幸福时光吧。"我想从另外一个角度了解这个家庭。

• 没有无缘无故的爱，也没有无缘无故的恨！

李先生眼里充满了血丝，饱含泪滴，神情凝重。

周女士稳了稳神，长舒了一口气，接着诉说。

"要说旭这孩子是含着金饭勺来到我们这个家庭的。自从有了他，我们的事业就非常顺利，公司规模也越来越大，从几个人迅速扩大到上百个人，并稳步发展着。那时，我们都忙于事业，把旭交给保姆管带，小学阶段，旭还是挺正常的，没有给我们多少惊喜，但也算是心理挺健康的一孩子，那五六年，我们这个家庭最快乐了，我和永福都好像是永动机一样，不知疲倦地忙乎工作，每天工作时间都在十三、四个小时以上，但就是不觉得累，我们之间配合很默契，虽说我们开的也是夫妻店，但还真就效率高，很多同行、供货商、客户都很眼企我们的，我们原来都不是这样子的，都精神着呢，永福那时看上去就像二十多岁的小伙子一样，有魅力着呢，要不怎么那么多姑娘迷恋他呢。（周女士停顿了一下，意味深长地看了看李先生。李先生虎着脸，熊着眼，没有给她好颜面。我觉着这中间有蹊跷，但不方便深究。）我也不像现在这么老气，虽然也不怎么装扮，但还是挺自信的，哪像现在这样整天颠三倒四不分东南西北的。到了高中，孩子就不让我们好好过了，那时，我和永福也有矛盾，根本没有心思管他的那些事儿，我俩就成天吵呀，闹呀的，光闹离婚也得有个十次八次了，每次都鸡飞狗跳的，要不是大哥在那罩着，我们俩早就各过各的了。我俩的事儿还好说，三四年也就没事了，现在我们俩就挺好了。但孩子的事儿怎么就这么难呢？我总觉得他一点也不像是我们的孩子，他对经商丝毫没有兴趣，我们也做过很多努力的，在他小学的时候，生意上朋友的聚会也带他去过几次，他没什么感觉，让我觉得像是做无用功一样，后来也就不怎么带他参与这些活动了，这孩子从小就喜欢独来独往的，上幼儿园那会儿，他自个在家玩玩具就可以玩上一整天，从那时候开始朋友就少，到现在为止，他的好朋友好像只有张振一个，这是个很头疼的事儿。高二时，他就基本上就听不进任何话了，也就是从那时起，我们这个家就不像个家样了。"

一提起那个时候，周女士整个人就黯淡下来了。为了让沟通更高效，我又要转换交流频道了。

"实话实说哦，我觉得你们二位真的堪称郎才女貌呀，能分享一下你们美妙的爱情故事吗？"

听闻此言，周女士脸都红了，羞涩得像个少女。

"我们其实是经人介绍认识的，刚开始接触时，就觉得他是挺踏实的一个人，话虽不多，但有一是一。我好像是成熟得比较的，算是有点主见，但永福好像比我更老道一些，他出来的也比我早，他十五、六就出来了，也算是吃尽了苦头尝遍了酸甜苦辣，脸上都写满了故事，这一点最吸引我了，虽然我也是追求者众，他是最让我心动的，看他那么乖巧，本姑娘就给他一个竞争的名额吧。等见到他大哥以后，就更坚定了我和他谈朋友的决心了，他大哥是那种让你打心眼里觉得很靠谱的一人，我当时就想这样的大哥带出来的小弟一定也很棒的，对吧，永福？"

说完，周女士满心欢喜地看着李先生，脸上荡漾着浓浓的幸福。

"咳，咳，咳，呵呵，那是，那是。那时候，周女士的确是风华绝代，我是真心感谢老天爷给我降下了这个林妹妹，顶在头上怕摔了，含在嘴里怕化了，稀罕得不知如何是好了。现在也是魅力不让当年呀，遇到你是我今生的福分！"

李先生这一席话好给力，好给力！

听了李先生这几句话，我就觉得心里特别好受，再看看那周女士，早就幸福得钻进云彩眼儿里去了。苦难中的夫妻呀，相互只给了一丁点阳光，都让对方金光闪闪了，多么可爱可敬的一对夫妻呀！

"我们能有今天的成绩，客观来讲大哥要占60％的功劳，周婷30％，还是请她讲讲吧。"李先生好生大度呀。

"永福占30％，大哥是当之无愧的领头羊，永福就是个拼命三郎，也立下了汗马功劳，我也就起到了锦上添花的作用，还好没有给他们添乱。我们刚认识的时候，公司刚刚起步，那时我们都没有多少社会阅历，全凭着一股子干劲，一腔子热情，大哥事事处处都走在我们的前面，起得比我们早，睡得比我们晚，付出比我们多，报酬比我们少，再说大哥的身体向来不怎么好，我们就没有理由不好好干呀，我这么拼命地工作，也把他们兄弟俩给感动了，就我们那种干劲，就没有干不成的事儿。别的我不说，就说他们兄弟俩那做事的拼劲，真的是没人能比的，饭可以不吃，觉可以不睡，定下来的事儿就必须得完成，答应别人的事儿就必须要兑现，就算吃亏了，也要兑现。永福我们俩有很多相似的地方，我们从来都不怵工作，不认输，敢打敢拼，与人合作也舍得吃亏，这么多年很多生意上的伙伴都成为好朋友了，其他同行一茬一茬的倒，就我们还能保持增长，在我们家庭陷入危机的时候，生意上的伙伴也都还挺我们，真的让我们感动。

但就是孩子的事儿给我们打趴下了，唉，我们彻底输了，我宁愿不要事业，什么都不要，只要有一个健健康康快快乐乐的孩子，事业怎么着都好说，真的可惜了这个孩子呀！"说着说着，周女士就说到了伤心处。

"李先生和大哥感情很深吧？"

"是呀。我很庆幸有这么一位大哥，他在我心目中的位置超过了我父亲。我本来兄弟姊妹5个的，两个哥哥，两个姐姐，现在的大哥其实是总体排老二，上面还有一个哥哥。我们小时候，家里很穷，吃了上顿没下顿的。我爸爸是个很要强的人，他相当有经济头脑，总做点小生意补贴家用，那个时候不像现在，那时候做点小生意什么的叫走资本主义路线，挖社会主义墙脚，是要受限制，甚至是受处分的。爸爸被逼得没办法，就举家迁到几十里以外的别处生活，在那里照样是处处碰壁，我真正的大哥也就是在那时病死了，这对爸爸打击很大，我们举家又迁回了原来的住地，爸爸也就只能本本分分的种地了，他是生不逢时呀，可惜了他一世英明！为了纪念离去的大哥，也为了减轻家人的痛苦，我们就把二哥当成大哥了，从那时改口叫大哥，直到现在。二哥比我大7岁，他十八岁就出来闯世界了，他成熟得早，自己在外面省吃俭用，把赚的钱都寄回家里，他自己连个像样的衣服都没有，哪像现在的孩子呀，二三十岁都立不起来。大哥身体也不好，面黄肌瘦的，像个痨病鬼，看着让人心疼呀！我跟他出来的时候，连个住的地方都没有，为了省钱，我们就住在一个破庙里，单衣薄衫的，又没有厚被褥，每次都是等我睡着了他才肯睡，他把能御寒的衣物都盖在我身上，他蜷缩着身体独自啜泣。现在想起来，还觉得愧对大哥呀！我们在破庙里待了近两年的时间，手头宽裕一点了才租了个民房搬进去，搬家那天，大哥哭得很厉害，我知道他心里是高兴的，他怕把我给熬坏了才租这个房子的，而我也是为了大哥的身体才高高兴兴的搬家的，人毕竟不是铁打的，再结实的身体也经不住那白天黑夜的消耗呀，再说了，那时是什么生活标准呀，一个月见不到肉末算是很正常的事儿，大哥的身体也就那时候给折腾垮的，整天吃不饱，穿不暖，睡不好，活又重，任谁也坚持不住呀。

大哥的拼劲与人品感动了我们老板，他的活他自个也干不过来，他就分了一部分业务给我们做，就这样，我们的事业起步了，我们这三员大将就像一个鼎的三只脚一样，稳稳地托起了这个事业，越做越顺越做越大，那时真的是什么也不怕，就一心往前往前，累也是乐，苦也是乐。后来公司越发展越好，大哥就把长沙这块交给我了，他去北京打拼了，我知道他是怕我们俩都吃不饱，我亏欠大哥的太多了。他到北京后，事业就更顺了，他是有人格魅力的人，大家都认可他这个人，也愿意和他做生意，可惜呀，大哥身体垮了呀！"

一提起他这个大哥，李先生就有说不完的话，感激不尽的情。

"我想问一下李先生，您与旭之间关系最好的时候是什么状况？"具体化的问话技巧总是很好用的。

"也就是他上小学的时候，最起码那时候还可以带着他耍一耍，玩一玩，之后就没有这机会了，当然是他不给我这机会了。原因肯定是多方面的，我负主要责任，我也想做个好父亲，但没有做好。现在说什么都晚了，我宁愿替孩子去受这些罪。我觉着这孩子好像不怎么亲我们，就是在小学的时候也不像别的孩子那样经常躺在爸妈的怀里撒娇什么的，我印象中他好像很少很少那个样子。我也总想和他亲密，但又想端严父的架子，觉得和儿子一起没大没小的玩儿有损当老爸的尊严，总之，在教育儿子这方面我是很失败的。"

"请李先生客观描述一下旭的情况，越详细越好，分三个阶段吧，小学阶段，初、高中阶段及身体受损伤阶段。"

"我觉得他在小学阶段还算个正常孩子，按时上学，按要求完成作业，能吃能睡，就是朋友少了点，虽然我们那时候条件也比较好了，但这孩子不张扬，不追求名牌，也不乱花钱，甚至很反感我们开车接送他，即使刮风下雨偶尔接送他，他也要求我们把车子停在他们老师同学们看不见的地方，这一点我对他是非常满意的，这是一个很好的品格。

初、高中阶段，就不好接近他了，他好像是故意把自己包裹起来了，学校有什么事儿也不和我们说，初中还稍微正常一点，也是对我爱理不理的，和他沟通是没有任何尊严可谈的。到了高中，他整个人就开始疯狂了，具体情况就像他妈说的那样。也可能是因为我和他妈也磕磕碰碰的，也没有太重视他，也没意识到电脑网络能把孩子扭曲得这么厉害，等我们缓过劲来，一切都晚了。我始终认为，虽然那时候孩子也不听话，但他品质不差，吃喝嫖赌抽他一样也不沾，坑蒙拐骗偷他一样也不占，就是在那没完没了的毁自个，有时我就想，他还不如在社会上犯个什么事儿什么的，这样坐个几年牢也就出来了，出来后只要认干，还是一条汉子，这男人呀，不怕犯错，不怕走弯路，怕就怕他这种情况，你有力也使不上，就像是把拳头打在棉花堆里，没辙呀！

大学阶段也就不用说了，他那个大学也是个不需要分数的大学，出事以后，他也基本上不是我儿子了，说个不该说的话，他变成老子了，我变成儿子了。我说个心里话，我真的接受不了养一个做吃等死的孩子，他累死在工作岗位上，就比这样活100岁强，我就这观点，我不求你大富大贵，你能自食其力，我就能在人前把腰杆给挺直了。我也不相信我的儿子会永远这个样子下去，我不死心呀，我总认为他是在和我们斗气，这时间也太长了点吧，我们都快熬不住了，刘老师，你让我又看到了希望，我们全家都要感谢你呀！"

"感谢你们对我的信任！今天信息采集的任务已经圆满完成了，稍微休息一下，我们开始下一步课程。"

• 一封神奇的信

最能让家长平心静气的方法，就是讲案例，在讲理念与方法之前，我花了两个小时讲了一个案例，直到确定他们两心静如水了，我才开始家庭和谐建设&成才教育四日课的课程，我这话痨，一讲就是近10个小时，我痛快了，他们也觉得很过瘾，各自心满意足，我布置完作业——请他们整理出对今天课程的心得体会，今天的任务也就完成了，只待吃饱睡好，迎接新的明天了。

新的一天，依旧阳光灿烂。

"刘老师，你好厉害的，我很久没有休息得这么好了。我有个请求，也不知妥当不妥当？"

"您尽管讲就是了。"

"我们都觉得刘老师您的课讲得很好，只有我们夫妻俩听太可惜了，太浪费资源了，我们单位有两对夫妻，他们也跟我们好多年了，他们也想听一听，我觉得您的课对他们肯定也会有很大的帮助的，不知方便不方便让他们也过来听听？"

"没问题的，可以请他们过来听听。只是我们之间的谈话可能会涉及你们的隐私，不知道你们方便不方便，我没问题的。"

"谢谢刘老师，我们也没有什么隐私，我们的事儿他们都知道的，不要紧的。"

和李先生夫妇沟通很是享受，你时刻能感觉到他们是打心底里尊重你的。

"昨天那么晚了还给你们布置作业，真是为难你们了。"

"不敢当，不敢当呀！你才是最辛苦的，作业我们都完成了，这就是。"

这夫妻俩真的是下了苦功的，每人工工整整整理了四、五页，一定花了不短的时间，我真不明白他们怎么看上去还这么精神，可能是人逢喜事精神爽吧。

"感谢你们的配合，昨天我工作得很愉快！今天大家气色都很好，真是个美好的开端。今天上午，我想重点了解一下，在孩子生活与成长过程中，有哪些人和事儿对他影响比较大，还是分三个阶段来说吧。"

"还是我先说吧。"周女士很积极。

孩子小学阶段对他有影响的人不少呢，第一个得数他奶奶。他奶奶这个人挺有本事的，话语也不多，对孩子不溺爱，也不骄纵，旭还是挺敬的，挺服她的。老太太就是身体很不好，三天两头得上医院，在旭小学四年级的时候，大哥就把她接到北京去了。旭对奶奶比较亲，应该超过我了。我从心里也挺敬她的，她的四个孩子都多好呀。旭在他奶奶身边什么事儿也没有，乖着呢。

第二个就数大哥了。大哥对他很好，总是给他买礼物，孩子很喜欢大伯到家里来，偶尔还会和大伯撒撒娇什么的，大伯说什么话也都记得很清楚，还会讲一些学校里的事儿，可能是大伯很少批评他，总是笑呵呵地听他说话，孩子也感觉大伯尊重他。

我可能能排第三吧。你看我表面上柔弱，其实，我性格中有特别刚性的一面，我对孩子也从不溺爱，那时也还是太年轻了，争强好胜，把心都放在事业上，忽略了对孩子的陪伴，导致了孩子跟我的关系不是很亲密，再说了，我也不希望把一个男孩子培养得奶声奶气的，总之，与孩子的感情基础打得不好。

接下来就是他爸。那时候孩子还是有些佩服他爸爸的，在孩子心目中，他爸还是相当正派一人。

第五应该是张振了，这也是他保持至今的唯一的一个好朋友。张振比他大半岁，总是让着他，那孩子可懂事了，性格好，朋友多，学习也好，是挺阳光的一个孩子，我们也都很喜欢张振这孩子的。

第六就是小兵。小兵是大哥的大儿子，这孩子随大哥，是挺能成事的一孩子，上进心很强，有情有义的一个好孩子，他对我家旭很亲，可能是在小兵面前有压力，旭总是刻意与小兵保持距离，不愿意与他深交，小兵这孩子是很想带带旭的，但旭跟不上他的脚步，这可怪不得别人呀。

还有他的大姑、二姑，对他都好得很，亲得很，每次都是大包小包地给他买礼物，玩的，学的，吃的，都一堆一堆的，还有那些表兄妹都对他很好，但他不愿意与他们多来往，真是气死人了。

到了初、高中，我和他爸就开始闹分歧，这事儿让永福单独跟你讲。我俩谁也不让谁，也没有回避孩子，刘老师，我离你的要求差得太远了，那时候也不懂呀，要是早几年懂这么多，到不了今天这样。家庭不和气，他爸在他面前也失去了威信，敢和他爸顶着干了，就是恶性循环了。

大学阶段，我家也没有什么大事了，就是孩子的事儿不顺心，从初中开始，真正能影响他的人就很少了，我们夫妻俩在他面前不行了，他奶奶神志也不太清醒了，他大伯那几年身体也很不好，小兵出国留学去了，其他孩子也都上学的上学，工作的工作，各自发展都很好，这些孩子中，就旭最不省心了。

讲到此，周女士停顿了下来，满面忧伤。

"李先生，请您也讲一讲。"

"情况基本就这样，他妈妈讲得也很清楚了，我就补充说一下。旭这孩子还是重感情的，能活这条命，他还是蛮感激大伯的，他再混，在他大伯面前也会收敛三分，目前在他心目中分量最重的就是他大伯，其次就是奶奶，再就是张振与小兵。我们俩的位置几乎可以忽略不计了，话说到这份上，也没有什么好隐瞒的了，在孩子初中那会儿，我没有管好自己，和一个女孩子扯淡了几年，这事儿确实是我对不起你嫂子，对她伤害很大，现在我和你嫂子已经很好了，那个事儿早就过去了。我感觉那个事儿对旭的影响相当大，从那以后，他不怕我了，敢和我叫板了，我没威信了。现在好了，有刘老师你帮我们，我信心十足呀！"

"谢谢您的信任！请你们再说一说旭的兴趣爱好与特长。"

"现在孩子好像没有什么兴趣爱好了，上学的时候，他的英语与语文相对突出一些。老师们都说他是一个聪明的孩子，他就是不认真学习，严重缺乏上进心，我是这样认为的，永福，你说呢？"

"我看他就和电脑亲，好像找不到别的感兴趣的东西了。"

"好的，今天所要了解的信息就是这些。下面就开始我今天的分享。"

我又花了一个多小时分享案例，剩下的将近9个小时的时间主讲理念与方法了。吃饭的时间被压缩的很短，课程结束差不多23点了。他们俩执意要请我们宵夜，推却再三也无济于事，只得从命。零点半才爬上床，这一天的确是感觉到累了，但他们夫妻俩就更累了，他们回去还要写今天的心得体会，估计凌晨一点半之前他们休想上床睡觉，不是有意整他们，打铁趁热而已。

第三天，我的独角戏，我嘚吧嘚吧讲了十二、三个小时，这夫妻俩就像是两块巨大的干海绵，吸收力超强呀！我就像骁勇的骑士跨上了千里马一样，任凭思绪驰骋，这种醋畅淋漓的感觉，美妙之极！这一天下来，他们好像也找到了感觉，看到他们发乎于心的笑容，我的疲惫消弭了太半，布置完作业今天就可以收官了。

第四天上午一半时间是我的独角戏，另一半时间是采访一个重要的人物——张振。下午与晚上的讨论，再次让我对他们夫妻俩刮目相看，他们的感悟力与执行力之强令我折服，19:00之前，我们就理出了下一步工作的头绪了，接下来，我们又花了5个多小时将"头绪"化为思路，将思路化为目标，把目标化为计划，将计划化为实施细则。到零点半的时候，我们终于做完了大家认为必须完成的工作了，每个人脸上都透着幸福的微笑，李先生夫妇还送给我大大的熊抱，我内心的快乐无以言表。

我们的思路是什么呢？

如何确保它能落地实施呢？

其实思路就一个字：爱。

这个思路又分六步走：

第一步：以爱为准则回归每个人都家庭情感；

第二步：以家庭或家族的情感为纽带引入社会知识；

第三步：以社会接触引发孩子对他自己人生道路的思考；

第四步：让孩子有想法、有机会进入其基本能适应的社会舞台；

第五步：以合理的社会支持体系培育孩子的社会能力；

第六步：辅助孩子步入正常的生活、成长、成才之路。

如何让这六步得以实施呢？

旭的成长挫折是因"爱"而起，可以从以下六个角度来理解：

1. 父母对他的爱没能有效地传递给他；

2. 在旭的初高中阶段，父母之间的"爱"出了很大的问题，他心目中高大伟岸的父亲形象轰然坍塌，父亲折腾的这几年给了他非常负面的影响，从另一个层面讲，他正在模仿或复制父亲的任性；

3. 在学校里，没有要好的朋友，没有"友爱的"情绪宣泄的窗口，但他又有社会交往的心理需求，很自然的，他就选择了电脑网络这个渠道来进行情绪、情感的互动与交流，这是一种释放形式，完全可以被替代；

4. 在旭放任自己的历程中，父母有三四年的时间及大量的机会与他沟通交流，但都因为没有找到良好的沟通渠道与方式而浪费了大好时光，亲子之间的"爱"没有流动起来，旭没有找到或感受到适合于他表达亲情与爱的平台与机会；

5. 长时间脱离主流社会，旭已经失去了在团队中获得认可与"爱"的能力与勇气了；

6. 旭多次说他已经是个废人了，要让父母断子绝孙，说明这一系列的打击给他身心造成巨大的创伤，也严重挫伤了他交女朋友的信心，这是多么致命的一击呀!

由谁来开启这爱的心锁呢?

我们一致认为旭的大伯是最合适的人选。

从哪入手呢?

我们商定由孩子的父亲以孩子大伯的口气给孩子写信,写完之后发给孩子大伯修饰与润色,孩子大伯加工完了之后再发给我,我在里面加入"心理"的"作料"后,再发给孩子大伯,由他手抄后邮寄给孩子。我不由得想起了同仁堂人始终恪守的古训"炮制虽繁必不敢省人工,品味虽贵必不敢减物力",是不是有异曲同工之妙呢?

最终,呈现在旭面前的书信内容是这样的。

亲爱的旭儿:

见信如晤!

收到大伯的信,很意外吧? 其实,大伯早就想和你说说话了,总害怕干扰了你的生活,今天闲来无事,又想起你了,就给你写信了,请不要怪罪大伯唐突。我身体不好,生怕以后没多少表达亲情的机会了。

旭儿,大伯可能是最能理解你的人了,因为大伯也像你一样,我们都是经历过病痛折磨的人,有病了,人有时会变得脆弱,会变得怀旧,也会变得更顾念亲情。近日,常回想我二十出头的光景,那时我带着你爸爸在外打工,没有钱租房子,我们就住在一座破庙里,夜里你爸爸时常被冻醒,当他醒来时,他就把衣物都盖在我身上,他自己就挨冻了。多少个寒冷的夜晚我都不敢入睡,生怕睡着了以后让你爸爸熬夜挨冻的,这样的日子,我们过了将近两年,虽然日子是苦了点,但我们兄弟俩的心是紧紧挨在一起的,纵然受冻挨饿,我们也觉得生活是甜的,那时我们的亲情浓得像天然的蜂蜜。

后来,生活条件改善了,你爸爸也成家了,为了给你爸爸更大的发展空间,我决定到北京发展,从此,我们兄弟俩天各一方,我们都有了自己的孩子,都为着自己的小家在奔波,虽然,也都取得了一点点成绩,但现在我却觉得我们失去的更多。

我和你爸都是早早就离开家庭到外面闯荡的，外出以后，受你爷爷教诲的机会就少了，其实，我把你爸爸带出来时，他还未满十八岁呢，也就是未成年人，他的思想也很不成熟，人也还没有定型。我虽是全心全意辅助他成长，但旭儿你也知道，大伯也没有读过几天书，根本不具备教育引导你爸爸的能力与水平，我所能做到的更多是尽量不让他挨饿受冻罢了。

我真的很后悔当年来北京发展了，如果我不到北京来，你爸爸在我的眼皮下也不至于做出伤害你妈妈的荒唐事儿，也不至于对你影响这么大，更不至于把你送到那所学校，也就不会造成对你身体的损伤，为此，我时常伤心落泪，夜不能寐，就这么几个至亲的人，我都保护不了，大伯惭愧呀！旭儿，你能感受到大伯的痛苦吗？你能原谅大伯的过失吗？

本来打算去长沙看看你，但大伯的身体很不争气，医生强烈建议我不要远足，有时想与你通个电话吧，我现在脑子又不太灵敏，说了上句没下句的，前言不搭后语的，恐怕会让你心生反感，还是写信比较符合我现在的情况，一遍写不成，我就写两遍，两遍写不成我就写三遍，给自家的孩子写信又不用着急的，不瞒你说，这封信我就写了六遍才写成，旭儿，想必你也不会笑话大伯的，你知道的，大伯最亲你了，你也最亲大伯。

其实，我有时也挺任性的，总想瞒着医生去看看你，但一天不见到你奶奶我心里就过不去，旭儿，你知道吗，老天爷保佑着我们家呀，你奶奶现在一天比一天精神，还经常念叨她的旭孙儿呢，奶奶也想你想得很呀。

旭儿，大伯多想与你见见面，聊聊天呀，和你聊一聊我的养生秘籍，告诉你个好消息，大伯现在也是一天一天地好起来了，大伯都是奔六十的人了，身体康复机能可能比你差十万八千里呢，你有什么好消息要告诉大伯吗？

以后大伯经常给你写信好吗？这封信写到这里，大伯觉得心情好舒畅呀。旭儿，你多保重身体，大伯就放心了。

大伯

×××年×月×日

• 让人震惊的事实！

李先生的字书写得很大，这点内容，他整整书写了四页。

我们原计划有关"家庭情感"的信要写三至五封的，完全没有想到旭收到大伯信的第二天就提出要到北京看望奶奶与大伯。

李永福先生第一时间向我传递了这个喜讯，他兴奋得语无伦次，一口气说了三、四遍"刘老师，你太神了，太神了，太神了！"

等李先生兴奋劲儿消退了些，我们才开始进一步的沟通。

"刘老弟，旭可是一两年都没有出过家门的呀，你只用了第一招就把他引出来了，旭真的是有救啦。你是我们家的大救星呀，旭到北京我们该怎么办呢，你还得教教我们呀。"

"时间紧迫，请您和您大哥说一声，请他安排一个人过来，我把与接待有关的事项与他详细说一说，写个文字性的东西给他，以便于大家统一思想，更好地推进工作。"时间这么紧，容不得我再与李先生客客气气的慢节奏了。

没两分钟，李先生又给我电话了，说是他侄子小兵会联系我的。

刚放下李先生的电话，小兵的电话就来了，我们约定在我办公室碰面。

小兵还没有到，我要给他的东西就写出来了：

第一， 除旭的大伯外，任何人不得问旭的身体状况；

第二， 不得向旭询问他爸妈的情况；

第三， 不得询问旭的生活状况、精神状态、成长目标等敏感问题；

第四， 不得强迫旭做他不愿意的事，包括去北京的某个景点旅游，或到某个饭店吃饭，或带他买衣服或别的礼物；

第五， 不得干涉旭的作息，意思是说不管旭是怎样的作息安排，一律表示尊重，不作任何的干预，哪怕是一点点小小的建议都不可；

第六， 不可为了让旭在北京多待些时日而故意拖延时间；

第七， 不得在旭面前提他堂兄妹、表兄妹们的学习及工作状况；

第八， 不得对旭的饮食问题作任何消极评价或干预；

第九， 不得故意设话题企图教育或影响旭；

第十， 不得以任何方式给旭压力，哪怕他全天都在玩电脑，也不用去管他；

第十一， 找出与旭及其父母有关的所有照片，集结在精美的相册里，放在显眼的位置，供大伯与他翻阅；

第十二， 尽量每餐都在家里吃饭，饭菜以旭可口为准则；

第十三， 大伯尽可能多的向旭展示其业余爱好及由此给他带来的欢愉，最好是让旭也参与进来；

第十四， 大伯向旭传授养生之道及养生心得；

第十五， 大伯向旭讲他与旭父的亲情故事；

第十六， 我们还可以设计一些活动，这些活动可能是旭不来我们也照常进行的，邀请旭加入，若旭不参与，我们也不做任何强求，我们自己进行就是了。

以上所有禁忌及安排都只为一个目的：让旭在无压力的、满满的亲情环境下，获得愉快的体验。

小兵回去以后，把我写的这十六条向他们那个大家庭所有成员念了三遍，并又逐条讲解了一遍，做完这些之后，又打电话向我通报了一下，做事真是周到，人才呀！

凡事预则立，不预则废。

旭在北京待了7天，其在京的表现之好，让所有人大跌眼镜，小兵是这样总结的：

1. 旭的作息居然与我爸爸保持了一致，真不敢相信这是真的，但事实确实如此；

2. 绝大多数时间，旭都陪伴在我爸和奶奶身边，态度极为恭敬，值得我这个当哥的学习；

3. 照片真是准备对了，旭有事没事都要翻一翻，看一看，看来我们以前真的是对他了解得太少了，我这个弟弟重情重义，带有我们家人鲜明的印记；

4. 他没有理会电脑，哪怕是一分钟，原来，我们过去都错了，而且，错得太离谱了，哥汗颜；

5. 旭把我爸的养生日记看了个遍，并拿本摘录了其中一些内容，弟弟，我服你了；

6. 我送给了他一些小礼物，他很喜欢，坦然接受了，居然还说以后等他赚钱了也给小小兵（我儿子）送礼物，我的神呀，弟弟，你让我高兴得不知如何是好了；

7. 饭后旭还主动帮忙端盘端碗，想想弟弟受的这么多委屈，我真的是欲哭无泪呀！

8. 虽然弟弟拒绝了我所有的外出安排，但每天都坚持陪我爸散步，比我都孝顺，榜样呀，我向你学习；

9. 旭没有说一句对我小爹／小妈不满意的话，至少我没有听到过，何等的大度呀，心胸超过他哥哥我何止一倍，不用说别的了，我对弟弟的信心爆棚了。

好的开头是成功的一半，有了第一步的铺垫，第二步可以铺开了。

经过北京这一周，大伯对旭更有信心了，他坚信"我的方法"＋"他的关爱"一定会把旭带出来的，他直言旭是个很乖的孩子，旭本身是没有任何问题的，只是被他的家庭给污染了，给异化了，给带坏了，他决心配合我"拯救"旭，他要亲自"执行"我的"命令"，不需要他弟弟给他代笔了。

得道多助，人心齐，事情就好办多了。

我把第二步的实施要则及时地传递给了李永丰先生：

一、请李先生把和谐家庭建设＆成才教育信息表分发给这些人：他的两妹妹及妹夫、两个儿子、4个外甥、2个外甥女，要求大家认真填写，下发后三天交作业；

二、汇总整理这些表格，查漏补缺，并对大人与孩子所填内容的矛盾之处进行调查研究与实证分析；

三、把这八个孩子的成长表格拓展为成长故事，故事的讲述方式充分考虑以下因素：

1．一定要以"爱"为主线来讲这些故事，首先，李先生爱这八个孩子的父母，爱他们对生活、成长、成才等方面认真负责的态度，爱他们对家人、家族及社会倾心奉献的人生状态；其次，他是爱这八个孩子的，爱他们成长的每个阶段，爱他们的爱好兴趣，爱他们所选择的大学专业，爱他们的社会职业，爱他们的事业生涯规划及人生规划，对这两代人的爱都是有大量具体生活事件作为支撑的；

2．这八个孩子的故事，就是八个微型的、充满着正能量和"亲情与爱"的人物传记；

3．这八个孩子的学业、专业、职业选择，就是通向外面世界的八扇窗口，就是实现人生理想的八种途径。

四、再把这些人物传记转化为邮寄给旭的八封溢满亲情与关爱的家信。

这个工作是有难度的，但对于李先生来讲，却是小菜一碟，他说愚公为改善交通可以移山，他为了救自己的孩子写几封信又算得了什么呢？

李永丰先生在家族里有很高的威望，其号召力极强，很快便将资料收集齐全了，并形成了书信。

据给旭打扫房间的保姆讲，这些书信都整整齐齐的摆放在旭的床头，每页信纸都泪迹斑驳，洁白平整的信纸被泪滴浸染得凹凸不平，水墨模糊。

在每一封信中都附带有两本书，这些书都是明显被翻阅过的。到第六封信的时候，奇迹发生了，旭的作息基本正常了，对家长的怒气也消减了大半。我们第三步工作也悄悄展开了，张振就是第三步工作的引擎。

张振一直很想帮助旭，就是没有找到一个合适的切入点，再说了，在此之前的旭把自己装进了铜墙铁壁般的套子中，让试图进入他领域的人——当然也包括张振都伤痕累累。在我的建议下，李永福先生与张振家庭联结成为了友好家庭，在深度接触张家人几次之后，李先生被张家人深深感动，这一家人都有着高贵的品质，他们的行为证明旭在他们的心目中早已是亲人。

• 以社会接触引发孩子对人生道路的思考

张振柔和的阳光挤进旭微微开启的心门，虽然这光线还是会让旭习惯性的眯眼锁眉，但阳光般的温情已然成为主角，旭接受了张振的聚会邀请。在友聚中，张振大谈他自己对人生的迷茫，以唤起旭对他的同情，并激发旭与他一起思考。张振所涉及的很多个话题都是他们年轻人最关注的大问题：

1. 所学专业与社会的脱节；

2. 毕业就意味着失业；

3. 是先上班还是先考研；

4. 是出国还是在国内发展；

5. 是进国企还是进外企；

6. 是考公务员还是进企业；

7. 是先考一大堆证书再就业，还是在就业后考证书；

8. 是先参加社会培训在就业还是直接就业

……

这些问题见仁见智，没有什么标准答案，即使是大家争论得脸红脖子粗，也不会留什么"人格评价"的后遗症。正是，对这些问题的探讨，旭找到了自信，按照旭自己的话说"原来，迷途的羔羊不只是我这一只，而是整个羊族"。

江山如此多娇，引无数"苦苦求索人生道路的学子"竞折腰，张振不失时机地请求旭一起旅游散心，旭欣然应允。

在张振精心的组织下，一个6人组的自由旅行的团队向云南进发了。

• 让孩子有想法、有机会进入其适应的社会舞台

我们一致认为张振不给他的那四位同学透露旭的任何信息的做法是最妥当的，事实也证明也确实如此。一群朝气蓬勃的小伙子带起了旭的热情，即使大家

问到了一些敏感的话题，旭也能勉强应付。半个月的旅行，这六个人已经是无话不谈了，旭所遇到的问题都可以摆在桌面上说了。张振经常私下对旭说"我同学不知道你遇到的这些事，他们所有的话都是无心伤害你的，如果有冒犯的言语，你就跟我说，我转告给他们，这些都是我的死党，你是我的兄弟，我不希望哥们儿之间有任何一点点的不愉快"。旭就会反过来劝说张振"我觉得这几个朋友人都挺好的，他们对我没有任何恶意，他们也是关心我，我没有感觉到他们对我有一丁点的歧视或嘲笑的成分，既然大家都是兄弟，还有什么话不能说呢"。大家对旭较为一致的建议是回到原来的学校完成学业，旭表示要认真思考一下，不管怎么样，他真心感激大家把他唤醒。

• 以合理的社会支持体系培育孩子的社会能力

旭能回到原来的学校，张振及他的这一拨同学功不可没。经过这几年的折腾，旭在社会适应能力方面存在着不小的障碍，这几个小哥们儿轮流到旭的学校找他玩，实时解决他所遇到的问题，他们就像一个个火把连续传递，把旭的内心照得亮堂堂的。人是社会关系的总和，社会关系总是能从不同的角度对人施加影响，如果能合理地运用社会支持体系，将会对迷途的孩子有巨大的帮助。

• 辅助孩子步入正常的生活、成长、成才之路

旭并不是个没心没肺的人，他知道这些朋友都是为帮他才来找他玩的，他心里很感激他们，虽然多次都想劝他们不要很麻烦地来回折腾了，但每每都没有把这话说出口，他确实需要他们的阳光，他稚嫩的心灵幼苗还需要他们温暖的培育，旭暗自下定决心，等他枝繁叶茂之时，他一定要为这些朋友遮风挡雨。旭的心帆起航了，蹒跚但坚决。

第 五 章

拯救搁浅的座头鲸

当巨星般的孩子突然折翼，内心滴血
的父母将何去何从……

时间：2009年11月14日9：40

地点：和谐家庭建设＆成才教育中心

人物：

1. 孟萍（18岁男孩阿兰的母亲，家住西北一省会城市）。

2. 孟萍的老公阿峰。

3. 阿兰的在北京定居了的姑姑、姑父。

4. 阿兰初中的女英语老师杨瑾。

5. 阿兰在北京一所国际预科学校的周校长。

6. 曾经给阿兰做过3个多月心理咨询的女心理咨询师宋慧。

事件：孩子在北京一所国际预科学校上学，但整天打网络游戏，打毁了身体，打毁了意志，打毁了亲子关系，长此以往也将打毁前程，家长向我们求助。

• 座头鲸

一人一坐，一茶一水。

"刘老师，我们这次是慕名而来，把宝都押在您身上了。看我们这阵势，您就知道我们对这次北京之行的重视程度了。您这就是我们最后一站了，就拜托您了。"孟萍首先打破僵局，言语精炼，意切心诚。

阿兰。

独生子。

18周岁。

小升初，阿兰以全区第一名的成绩考入我们省会最好的初中，初中三年成绩都名列全年级前茅，在全市都能排进前十。

中考，阿兰也不负众望，以全省前20名的成绩考入省会最著名的高中，又分到学校的实验班，他们学校的实验班是相当了得的，基本上都是985的苗子。

孩子在学习方面的能力是突出的，英语、数学、物理、化学这四门功课是他的强项，初中阶段与高一经常拿满分的。

孩子很喜欢看国内外名著，读了很多本。

• 搁浅

孟萍的苦忆。

高二下半学期，过完年还不到一个月的时间，一天上午，阿兰跟我说他想休息一下，当时我并没有想太多，随口就答应了。孩子从小到大，最不让我们操心的就是学习，别说休息个半天一天，就是休息一周，我也不担心。我那天上午有课——我在一所985高校教书，就急急忙忙出门了，在学校忙了一整天，孩子没去上学的事儿也没和他爸说。

晚上八点多，我回到家，家里黑灯瞎火的，孩子在他卧室里睡着。我把他摇醒，孩子说他中午没有吃饭，很饿，让我给他做顿大餐。当晚，我做了四个他爱吃的菜，孩子吃得很高兴，也没有提明天要不要去上学的事儿，我也没有多问。

那一段时间孩子他爸比较忙，往往是孩子睡了他还没有回家，孩子还没起床他又出门了，每天我都和他说不上几句话，看他烟熏酒染的一身疲惫，我也不愿意给他添烦，就没有把孩子没有去上学的事儿讲给他听。

第二天，孩子没有去上学。

接着是第三天，第四天，第八天。

我再也沉不住气了，就把孩子没有去上学的事儿告诉他爸了，但没有引起他的重视，只是说让我妥善处理。

妥善处理，怎么个妥善处理，我会妥善处理还给你打电话吗？孩子整天在家里睡觉，问他怎么回事他也不说，情绪还越来越恶劣，这么个大小伙子，我怎么能摆弄得了呢？他爸天天也不着家，他是眼不见心不烦的，但我心里急呀，急又解决不了问题，只能再找他，他还跟我气急，您说我冤不冤？

我把他给吵烦了，他就气急败坏的回家质问孩子，孩子本来就不吃他那一套，父子俩扭打成一团，情况变得更糟了。孩子辍学的头几个月，除了睡觉就是看看电视，也没干别的，自从和他爸打完仗后，就开始上网了，不知怎么的就开始玩上游戏了，玩着玩着就着迷了。半年后就完全陷在网络游戏里了，作息全都乱了，白天睡觉，晚上打游戏，还浏览不健康的网站，几乎天天如此。我们强行停了一次网络，阿兰反应很激烈，又是摔碗，又是砸电视的，还以跳楼自杀相威胁，折腾得鸡犬不宁，我们真的是抵挡不住他的攻势，只得又恢复了网络，之后，就再也不敢断网了。

• 拯救

孟萍式救赎。

阿兰辍学之初，为了劝他重返课堂，我们请遍了各路神仙，他的同学、老师、叔叔、阿姨、爷爷、奶奶、姑姑、姑父、堂哥、堂姐、表哥、表姐、邻居与朋友等轮番对他做工作，还请了专业的心理咨询师，情况反倒越来越糟糕，至今也没有找到他辍学的原因。

孩子在家的那一年半，大概有三四十个人给孩子做过思想工作，开始孩子还能勉强接受谈话，半年后，家里来人孩子就把自己关在房间里，等人走了他才出来，出来后，嘴里还骂骂咧咧的，总之，对谁都是抗拒的。

孩子怎么到的周校长这学校的呢？

阿兰的同学考大学的考大学，出国的出国，大家都各有出路，这对孩子触动很大。他爸又是个死要面子的人——在国有银行当过行长，后来下海做房地产，事事处处都要出人头地，孩子这样在家里待着就像要了他的命一样，父子两个似有不共戴天之仇，这两个半疯比着折腾，这不，就硬把孩子弄到周校长的学校里了。

周校长，我说这话您别介意哦，我是为了向刘老师说明问题，阿兰到北京后状态更差了，像个贪婪嗜血的怪兽，他还是我的孩子吗？

• 原来的那片海

阿兰在现在的这片海滩搁浅了，有谁知晓他原来游弋的那片海呢，那是他留念的乐园吗，如果不是，想要搁浅才是真相，我们不禁倒抽一口凉气，小小的他能载动那么多的迷惘吗？

尝试着游进阿兰原来的那片海。

小学之前，阿兰主要由爷爷奶奶带；小学之后主要由妈妈带；现在是谁都带不了了。

阿兰的爷爷是个很有商业头脑的人，在我们当地是响当当的人物，在家族中也是说一不二的。这老爷子崇尚经商，阿峰从银行出来都是他一手导演的戏，到现在阿峰对他还是言听计从，在外面阿峰还装得人模人样的，到他老爹面前就麻膀了，唯唯诺诺的像个哈巴狗。

"你什么意思？我爸哪一点惹着你了，你今天吃错了药了吧？你一个儿媳妇能这样说老公和公爹吗？"阿峰暴怒，挺直了腰杆，咬紧了牙关，憋紫了脸面，这架势是要向孟萍下战书。

"有种你去问问你爹，孩子不上学就他一个人着急吗？他，凭什么打我呀？"孟萍哽咽了，头埋在小臂中，身体剧烈的颤抖。

阿峰面色绛红如猪肝，眼帘下垂，脸部肌肉不知道是抽动还是抖动，肩膀也塌下来了，像没了前轮的汽车——即使有咆哮的引擎，也不会突进太远。

所有人都把目光聚焦在阿峰的面部——惊讶的目光，愤怒的目光，不解的目光，失望的目光，阿峰越来越不自在，好像要被这些目光点燃，但他又没有躲避的空间，整个屋子都灼热感十足。我抽动着鼻息盯着阿兰的姑姑，我希望她能读懂我的眼睛。

"咳，咳，我爸就是个军阀，我都这么大了说扇耳光就扇耳光，我都不敢往他跟前凑，幸亏我嫁到北京来了，不然的话，天天生活在他的白色恐怖下还不给我整疯了呀！嫂子，对不起哦，我没想到我爸他这么糊涂，太不像话了！"说着，阿兰的姑姑就起身走到孟萍的身旁，双手轻搂着孟萍的肩膀，轻叹了口气，继续说道："嫂子，我特能理解你的感受与委屈，真的。我爸就是大男子主义，我生个闺女跟他有什么关系呀，就因为我生个闺女，他就不高兴，就不来看我，我还不稀罕呢，就因为阿兰是头孙，所以他天天把宝贝孙、宝贝孙、宝贝孙挂在嘴上，捧到天上，还意识不到这是害了孩子。哥，你要是个男人，你就要为嫂子出头，这事没嫂子任何责任！"越说越激动的阿兰姑姑也哭上了。

阿峰摇摇晃晃地站起来，语气又自如起来："萍，小妹，你们都别哭了，我们找刘老师是来解决问题的，别没说个所以然就哭嚓个没完没了的。那个事儿我算是知道了，小妹，你哥我是个男人，所以，那个事儿我会给你嫂子一个交代的。这一篇先翻过去，刘老师，您接着问别的吧？"语毕，阿峰好像筋骨硬朗了很多，大家也都跟着找到了自己的合适表情。

整个家族都宠着老爷子，老爷子又发动所有人宠着阿兰，说个打嘴的话，阿兰出问题是迟早的事儿，家里这些事儿理不顺的话，大家都没有好日子过。孩子都在家里睡了一年多了，老爷子还护着不让说呢，虽说现在孩子还不顺，但也比在家里要好，最起码我和他爸两少受不少窝囊气。孟萍一提起老爷子就有发不完的牢骚。

孟萍，你就别说爸了，现在，爸也管不到阿兰了，就说说阿兰现在的情况吧。阿峰对老婆总是说老爸还是心怀不爽。

阿兰现在的状态你不知道吗？你也可以说呀，你说吧！孟萍的气还不顺。

这夫妻俩当场对峙起来。

这次解围的是周校长。

阿兰到我们学校差不多三个月了，进教室不超过10次。他们一个宿舍4个人，阿兰整夜打游戏，把同宿舍的同学都"吵"走了，没有人愿意与他一个宿舍。他同时开着两台笔记本电脑，据说是防止电脑死机或故障后耽误他游戏升级，据说阿兰的电脑配置都是超一流的。他基本上都是每天早上6：00左右睡觉，下午16：00左右起床，随便吃点垃圾食品后，又开始网络上的激战。极少看见他洗澡刷牙，衣服也不自己洗，穿脏的衣服堆成小山，实在是没得穿了，就把衣服握把握把送到校内的洗衣店里，自己都不知有多少件，也不问多少钱，来去匆匆，潇潇如行侠。到超市买东西，从来不看价格，喜欢什么拿什么，无非都是些水果、火腿、可乐、膨化食品等，垃圾食品居多。据同学讲，他是从来不喝白水的，可乐是他唯一的饮品。在宿舍打游戏感觉不爽时，也去网吧，无数个老师做他的工作，都被他成功"策反"，我们现在也束手无策了，刘老师，您给支支招吧。

阿兰，属于很有语言天赋的。在同等的努力下，阿兰应该属于佼佼者，但别人都卧薪尝胆，阿兰在卧床板，高低伯仲自不肖分说。

阿兰在学校的情况就是这样，他在校一天我提心吊胆一天，我真的担心这孩子把自己折腾垮了，天天这样哪能受得了呀，人又不是铁打的。我多次请求孟女士把孩子带走，孟女士总是不给我面见，这样拖下去也不是个事儿呀？！

说完这些，周校长面露难色。

周校长，真的给您添麻烦了。这次您看到我们的决心了吧？这么多好心人帮我们，我们家阿兰肯定会好起来的。我们家也就这两年不顺畅，我们也在反省与调整，孩子辍学之前我们夫妻关系还是可以的，这两年分歧也越来越大，好像日子过不下去一样，每天相互指责，相互埋怨，焦点也都在孩子。

"请说一说阿兰人际交往方面的事儿吧。"气氛好一些了，我加快了收集信息的速度。

小学挺好的，小伙伴也挺多的。

上初中就从来不把同学带到家里来玩了，他就有点喜欢独来独往，学校里的事儿他也不关心，同学们的事儿他也不放在心上。到了高中更是这样，从来不和我们说学校里的事儿，问他个什么问题，就拿"还行"、"你甭管"、"别啰唆"、"烦不烦"等很简短的话搪塞我们。有一次，他这样搪塞他爸，就被揍了，揍得比较狠，鼻子都出血了，他愣是3天没吃饭，也怪他爸喝多了，工作压力也大，气也不顺，儿子当了替罪羊了。以暴制暴是结不出什么好果子的，后来我们断网，他就砸电视机，摔笔记本电脑，还把猫都掐死了，很残忍呀！孩子都是有样学样，怪不得别人。

孩子会做家务吗？

他们这个家族的男人有个好传统——男人都不会做家务，他们就觉得做家务是女人的专利，我没见过阿兰他爷爷做过家务，阿兰和他爸肯定是没有做过家务的，阿峰，我没有冤枉你吧，你会泡方便面吗？这一点他还不如儿子呢，最起码儿子还会泡方便面。

阿兰在用钱方面怎么样？

没有统计过小学每月给他多少零花钱，那是也用不着限制过孩子的花销。

初高中阶段大概每月两、三千的零花钱，最近一年每个月花一两万，主要花在打游戏上了。花钱多也没把身体搞好，他基本上不动活，185cm的个子，200多斤，就他这身体，以后问题大着呢。初中还讲究穿名牌，现在对衣服也不感兴趣了，眼里只有游戏了。尝试限制过他的花销，孩子反应相当极端，寻死觅活的，我们也就不敢限制了。

孩子上高中之前，他爸总是在孩子面前炫富，说他的一块手表多少多少钱，一双皮鞋多少多少钱，并告诉孩子只要他自己奋斗，这些都会有的。还多次当着孩子的面说自己奋斗都是为了他，就这个问题我和他吵了多少次他都带不听的。

这一点一滴的就促成了孩子狂妄自大、目空一切的个性，没几个人能入他法眼，对谁都是鄙视，心情好时还有一点点人性，玩游戏玩红眼时，天皇老子他都不管了，活生生个白眼狼，从小到大，瑾是他唯一尊重的老师。

• 他们看到的只是他的背影

瑾，年近40，初中英语老师。说话干脆利落，短发，发色黑亮，一丝不苟，肤色白皙，柳眉杏目，稍带力量的直鼻，微丰厚的一字唇——让人确信她的唇边绝不会蹦达出苛责的言语，略略饱满的瓜子脸，只要嘴角一挑便旋出一个浅浅的酒窝窝，亲和力这神器附了瑾老师的体了，阿兰服她，有道。听其言，有职业劲道，亦如春风拂面；观举止，有太极风骨——亦柔亦刚，真是个言语信，情趣达，举止雅的好老师呀！

请您也谈谈阿兰吧？

瑾：阿兰颇有语言天赋，英语作文很出彩。我对这孩子印象很深，他有追求完美的个性，呵呵，这点我们俩相像。我是很努力地备课、极用心的讲授才获得他认可的，幸亏我有一年多的国外生活经历，不然，我的意志会被他打垮，我能明确捕捉到他对老师挑战的、睿智的同时也是犀利的目光。为了阿兰我增加了教学的难度，并开创了很多富于乐趣的教育方法，我该感谢他的。但并不是每个老师都能读懂他，如果遇到严格照本宣科的老师，阿兰会倦怠，会反抗，会受伤。在现有考核体系下，阿兰是不太适应的，他像虫草，对生长环境要求很高。

孩子遇到挫折后，家长一定是求助过您的，您如何与阿兰沟通的呢？他接受多少？

瑾：他一定知道他爸妈把他的情况告诉我了，所以在我给他打电话时，他言语中透着忧伤，谈话总是避重就轻，闪烁其词。他没有了过去的锐气与高傲，像个受伤的羔羊。他其实不愿意见我，可能是觉得自己做得不好吧。他不想见我，也可能是觉得我没有能力帮他吧。他没有准备好见我，我就不能冒昧的去见他，如果强拉弓，会适得其反。

阿兰都与您讲了什么呢？

瑾：他说他没有能战胜自己的惰性，没有战胜自己贪玩的个性，没有战胜自己的懦弱，如果要战胜，还需要给他积聚能量的时间。他要与命运抗争，争取不在沉寂中灭亡，但愿能重整河山，辉耀日月。

这可都是阿兰的心里话呀，您怎么回答的呢？

瑾：或许是环境制约了你的发展，你可以尝试一下别的发展路径，你的个性适合出国发展，我很欣赏你的才华，多走一步路，或许柳暗花明呢。

阿兰能到北京，瑾老师是大功臣。

请问慧：您接触阿兰多长时间？

慧：三个月左右吧。

"实际见面时间有多少？"我接着问。

慧微微撇了一下嘴角，两个眉头同时向眉心紧凑，这两个小动作一气呵成，稍逊即逝，我抓到了慧点点的烦意。

慧还是装着很认真的样子，尽量平静地回答：差不多20个小时吧。

我丝毫没有受到慧情绪的影响：请您也谈谈阿兰吧？

慧不咸不淡：我对他的了解也仅限于你刚才所了解过的那些。

我又语气平缓追问慧：为什么不继续与孩子沟通呢？

慧有些情绪：我不该告诉他我的角色是心理咨询师。

我继续问慧：您告诉他您是心理咨询师后，他就不愿意与您接触了吗？

慧惜字如金：对。

阿兰原来的那片海并不清澈，瑾与慧看到的也只是他的背影。

• 我心中的蔚蓝，可是阿兰梦中的家园？

无可再问时，我把两份和谐家庭建设＆成才教育信息表分别递给阿兰的爸妈，在他们填表的时间，我绘出了我心中的蔚蓝。

宰相肚里能撑船，我们的心中能容得下阿兰这头座头鲸吗？我们到底该怎么做呢？

第一：根据阿兰目前的情况，我们必须坚持的六大工作原则：

1. 安全第一原则。最大程度尊重生命，把"身体的完整性、生命的安全性"放在首要位置；

2. 求真务实原则。多角度了解情况，量细节，抓要害，找到症结所在，力求标本兼治；

3．持久有效原则。我们所有的工作都不是为讨孩子当下的欢心，都不是为照顾孩子一时之情绪，而是重在为孩子的成长增加营养，为孩子增加积极而健康的生活体验，让孩子体会到生活的美好与人生的精彩，是出于对孩子前途有利的角度去工作方法与内容的；

4．理顺家庭关系原则。孩子是家庭关系的产物，是社会人际关系的参与者，我们不能抛开这二者而孤立的谈和谐家庭建设＆成才教育；

5．爱心锁原则。孩子的心锁因为爱而关闭，也必将通过爱来开启；

6．成才原则。很多个成长受挫折的孩子，都是心高气傲，志存高远的，正因为怀揣冲天梦，才心有千千结。一个没有鸿鹄之志的孩子，不可能在成长遇挫时悲痛欲绝，正是基于此，我们确立了"成才原则"——从来不降低对帮扶对象的期望值。我深知"我思想松一尺，他思想松一丈，我思想松一丈，他思想松万里"的道理，实践也反复证明了"降低要求略等于放弃"的事实。所以，虽然我多次与家长强调说教育孩子要先成人后成才，但对于很多遭遇成长挫折的孩子，却是成才的理念先行，成人教育落地生根；成人教育工于大体，成才教育画龙点睛；成人教育一针一线，成才教育雪中送炭。

第二：生活化教育。人最重要的不是别的，是生活！如果每个成家庭员都能正确认识、体验、担当生活中的实际压力，和谐家庭建设＆成才教育的压力就寥寥了。对于像阿兰这样"饭来张口，衣来伸手"的青少年来讲，必须补的第一节人生课即是"生活中的实际压力课"。如何让阿兰进入这个课堂，是我们当下工作的重点。

第三：培养人际关系能力。给阿兰创造感受、理解与传递人际关系中积极情感的机会与平台，用正能量唤醒他沉睡了的团队意识，激发他参与团队活动的热情，培育他为团队增光添彩的能力。

第四：完成引导认可。

第五：加固人生之鼎的三条腿。人生之鼎有三条腿——生活、成长和成才，三条腿都要抓，三条腿都要硬。

大家对我的思路没有提出任何异议。

• 在阿兰的那片浅滩，林哲被搁浅了！

思易，行难。

如何落实上述思路呢？激烈的讨论过后，大家达成了以下共识：

一、为确保阿兰的人身安全，我先安排二十刚出头的林哲老师，冒充周校长学校的新生，打入阿兰的宿舍。

二、林哲老师创造条件让阿兰参与生活。

三、第二条战线同步推进。

1. 安排阿兰的父母全程参加和谐家庭建设 & 成才教育四日课；

2. 第一战线与第二战线的配合；

3. 及时对阿兰父母所填写的和谐家庭建设 & 成才教育日记进行分析、指导与反馈；

4. 借着和谐家庭建设 & 成才教育认可体系信息表，优化家庭认可体系，为迎接全新的阿兰做准备。

四、爱的教育。以哲对亲子关系的体验与感悟，唤醒阿兰对父母之爱沉睡了的知觉。

五、进入生活。经济上的控制，阿兰与哲遭遇经济危机，两个"难兄难弟"不得不走上打工求生存之路，以便阿兰有机会恶补"生活化教育"这堂课。

六、进入成长。周校长再度出马，以朋友帮忙的方式再让阿兰与哲入校学习，并根据他们的表现，实施下一步计划。

七、家庭之鼎有三条腿。

凡事预则立，不预则废。

林哲是谁？堪当此大任吗？

林哲，山东人，25岁，184cm，一百七十多斤，肤色黝黑，四肢粗壮，膀大腰圆，面阔鼻挺，典型一山东大汉。外形高大威猛的哲做事却极有条理，重点抓得住，细节也出彩。给我做助理快三年了，对我交办的任务，总能心领神会，出色完成。这其中不乏一些难度颇大的极端案例，我笑称哲是参加过三大战役的年轻老帅了。

我与哲约法三章：

1．确保阿兰的人身安全；

2．表面上被阿兰类化，在最初的半个月内，阿兰通宵玩游戏，你也是，但你是有随时补充营养的习惯的，也要让他形成这个习惯，防止他晕倒——这个哲是懂的，对痴迷电脑网络游戏的孩子来说，吃饭睡觉都可以废掉的，连续激战二三十个小时滴水不进者，众矣！每年都有很多这样的孩子"战死"在小小的电脑屏幕前，悲哉！

3．在没有得到我的许可之前，不允许对阿兰做任何积极的引导或空洞的说教。

林哲被周校长带走了。

林哲被周校长带进了阿兰的宿舍。

"阿兰，这是你的新同学林哲，以后他就住这里了，你们要好好相处……"周校长说这些的时候，阿兰头都没抬一下，他正沉浸在他的世界里驰骋，咆哮，杀戮！

一间近20平方米的屋子，随处可见酸臭的方便面残汤，尸臭的袜子，腐臭的水果，汗臭的衣服，我差一点就呕吐了，如果非要在那个味道和死亡之间做一个选择的话，我会毫不犹豫的选择后者。哲的话是夸张了点，却足以说明"道路是曲折的"。

在阿兰的那片浅滩，林哲被搁浅了！

• 难，兄！

刘老师，"入芝兰之室，久而不闻其香；入鲍鱼之肆，久而不闻其臭"这句话的内涵被我彻底参透了，这个世上没几个人能像我一样如此深刻的理解此句的韵味儿，我现在的嗅觉是"闻臭变香，闻香变臭"呀，所以，您不用担心我吃不香睡不着的，我好着呢。

哲轻松的话语，让我高悬的心降落了大半，但还未回复都胸腔。

我得感谢阿兰，是他促进了我敢于吃辣椒的进程，辣味是如此的绝美，可惜我与之失之交臂25年之久，现在我没有辣椒就吃得不香，什么什么恐怖辣呀，什么什么变态辣呀都不是个事儿，我通吃，哈哈……

睡觉？就更不成问题了，您想想，眼、手、脑这三位大将精诚合作一、二十个小时，他们谁也不会偷懒的，大家协调一致，效率极高，每次都是他们之中有一位不听使唤的时候我们去睡觉的，一挨着床板就着了，睡得香着呢！

阿兰现在是我的好弟弟了，我吃他的泡面，他吃我的水果，我们不分彼此，以前他整个晚上是不吃饭的，每天顶多就吃两顿饭，现在不一样了，现在每天至少三顿饭，夜里还有水果和火腿，生活就是如此精彩……

刘老师，阿兰花钱真叫个大手大脚呀，什么东西都挑贵的买，打游戏也是买贵的装备，他的脑海中好像没有钱的概念，这个方面不改观肯定是不行的。

我心里的石头落地了。哲承担了很多，他的苦，我懂！

• 木乃伊的血，你要吸吗?

阿兰爸妈悬着的心落下了很多，他们看到了胜利的曙光。

怎么让阿兰的脑海里有钱的概念呢？

这是推进工作十分重要的一环，我发动大家探寻答案。

两天两晚的讨论，阿峰的答案被广泛认可。

当时，恰逢H1N1病毒肆虐神州，此毒传染力超强，感染者必须隔离治疗。阿峰感染了此毒，萍须跟随陪护，制服此毒花销不菲，故举家必将集中财力治病救人。阿峰患疾，开支巨大，生意又受损，故无力支付阿兰衣食，以达到控制阿兰开销的目的。

阿峰的方案一石三鸟——击中了阿兰的经济命脉，促进了阿兰与哲的连接，为他们进入生活创造了条件，为了孩子，阿峰甘愿被H1N1，可怜天下父母心！

阿峰被H1N1，阿兰与哲起波澜。

微波。

阿兰父患疾，哲深表同情；哲父母责令"不混出个人样就别进家门了"，阿兰愤慨着哲的愤慨。

中波。

阿兰父病情一日又一日的好转，哲高兴着阿兰的高兴；哲父母不满哲的表现，又致电告知他春节不要回家了，这个家不待见他，阿兰的鼻子都气歪了，同时，对母亲的日常电话"唠叨"少了点滴反感。哲唉声叹气嘟囔着——不知如何度过这个难熬的春节，正陷入有家不能回，有父母不能聚的悲伤情绪时，阿兰说至少还有比你更惨的我能理解与陪伴你。其实，阿兰也在为如何过年而发愁呢，不能与家人一起过年，对他们都是第一次。

大波。

给阿兰的银行卡入了5000元，第一次入这么少；给阿兰的银行卡入了2000元，第一次入这么少；给阿兰的银行卡入了1000元，第一次入这么少；给阿兰的银行卡入了500元，第一次入这么少；给阿兰的银行卡入了200元，第一次入这么少；给阿兰的银行卡入了100元，第一次入这么少，孟萍告诉儿子，这是她几顿没吃中午饭省下来的，虽然只有100元，也够你吃几天的了，请儿子吃饱穿暖。爸爸很关心你的健康，爸爸的病好多了，我们家的困难是暂时的，很快就会好起来的。

"别废话！给我入两万，快，听到没有？傻×……"拍桌子砸凳子的，手机都摔了，阿兰火大了，他从来没有跟钱制过气，今天着实被气着了。

"你怎么把电话挂断了呢？"哲关切的。

越跟她啰唆，她越上脸，我没空听她解释。别人的死活跟我有什么关系呀，幼稚！

唉，我的那个妈呀，连个电话都不给我打，我给她打她还爱理不理的，做人的差距怎么就这么大呢？阿兰兄弟，你生在福中不知福呀。

我也是被逼的，不这样她能给我钱吗？她不给我钱，我喝西北风去？

可你妈都没吃中午饭呀，这样不太好吧？要是我妈能对我这么好，就是饿死，我也高兴。

哲，你别这样酸好不好?

真的，你妈妈每次给你打电话，我都羡慕的想哭，钱算个什么破玩意儿，我需要的是关心，懂不？偏偏你老妈还每天都打电话给你，想气死我咋的？

现在需要的是钱，哲，你别幼稚了，没钱我们怎么升级？没钱怎么吃面？没钱怎么喝可乐？

不升级也死不了人，不喝可乐也渴不死，不还是有钱吃泡面吗？你急什么急，皇帝不急太监急。

好了，好了！我不知道你这么惨，对不起，对不起，明天我妈再来电话，我让你接，怎么样？

要我接就我接，有人关心比没人理强。你妈妈都没午餐吃了，还怎么找她要钱呢？

我不也是没辙了吗？

我口袋里的钱还够对付一阵子的，阿兰兄弟，你就别逼你妈妈了，她老人家饿肚子省下来的钱，我不忍心花呀！

良久的沉默。

"走一步看一步吧。"阿兰有气无力，刚才还暴跳如雷的恶魔，变成了失落的羔羊。

这是不是进步呢？

• 家庭之鼎的三条腿

一切都那么顺利，完全按照我们的计划进行着。

阿兰手头干了，哲慷慨解囊。

哲给了阿兰物质食粮，阿兰母亲每天的电话给了哲精神食粮，精神食粮越来越丰富的哲不得不精打细算了，他要规划好他的那点点银子，以便多坚持些时日。

于是，阿兰的网络断了——没钱充网卡；阿兰不吃薯片了——没钱买了；阿兰不喝可乐了——没钱买了；阿兰不上网吧了——没钱了；阿兰不吃肯德基了——没钱了；阿兰的衣服只能堆在那里任其发霉发臭了——没钱洗了；阿兰不能吃肉了，从来不吃蔬菜的他也开始吃了——没钱了；阿兰夜里也能睡个三五个小时了——没网络了；阿兰也是会喝白开水的——没有可乐了，没钱的好处说不完。

阿兰不想上梁山，但上了梁山，他就是英雄。

阿兰爸妈的脸上笑开了花，他们说"有人味儿"的阿兰正在往回走，他们的心里已然没有了焦躁，他们明了"冬天已经来了，春天还会远吗？"

刘老师，我与父亲摊牌了，耳光是必须要挨的，老爷子下手挺重的。我还是把我要说的话说了，把我要坚持的理儿坚持了，把我对他的请求让他接受了，把对阿兰的教育权给"抢"过来了，在父亲面前，我永远都不会说话，但我把这些事儿都摆弄明白了，虽然被打了，我心里还是很舒坦的，起码我做得很爷们儿，对得起老婆孩子，对得起自己，也对得起我爸妈。

您说得对，男孩子的成长需要爸爸的陪伴，过去我没这概念，现在我明白了。就像您说的，孩子的为人处世都是需要父母教的，只有他认可你了，你教他才会听，为啥子哲说话他能听呀，也还是认可的问题嘛。

我这个人也有点大男子主义，这点像我爸，但我没有爸那么严重，刘老师，我真的挺听你的哦，我现在会做一点点家务了，我也在找生活、成长、成才的平衡点，说实话，做了这些也更理解你嫂子的不易了，以前总觉得保姆都能干的事儿，你总是唠叨我干吗呢，其实，不是家务事的事儿，是生活的事儿。

这段时间，我们一起做了好多浪漫的事儿——看电影呀，泡温泉呀，打羽毛球呀，走亲访友呀，逛公园呀，都不是很大的事儿，但做完了心里舒服，少忙一些，也没有什么不好，反倒心里更踏实了，我过去只顾着低头拉车了，没有抬头看路，把这个家的方向都带偏了，幸好遇到了你呀，刘老弟，大恩不言谢，哥我心里明白……

第二战场战果辉煌，阿峰是条汉子。

周校长的学校要放寒假了，机会与挑战并存！我、阿兰父母与周校长我们四巨头再聚首，锵锵四人行，越聊心越明。

阿兰能吃些苦头了，他与哲在一起很安全，我们决定在周校长学校放假关门的那一刻，给阿兰创造更深入进入生活的机会。

时光飞逝，周校长学校寒假闭校。

"两位同学，学校放假了。其他同学都离校了，你们也最迟今天下午三点也要离校。整个校区门都要上锁，供暖也要停了。请你们予以配合。"周校长很得体地下了逐客令。

"你算个什么东西，这什么世道啊，还叫人活吗?! 我不走，就不走，你能吃了我不成。"阿兰出离愤怒了。

"我也没办法呀，我也是执行总校的规定，请你们谅解。我给你们半个小时收拾物品的时间，一会儿我请保安帮你们搬一下行李，赶紧收拾哦。"周校长的情绪并没有因阿兰的咆哮而受丝毫影响。

哲在捡拾物件，并劝阿兰也抓紧时间整理东西，并打趣道：此处不留爷，自有留爷处，处处不留爷，爷进警察署。

四个膘肥脑壮的保安，不由分说地搬起"两个钉子户"的行囊，放在学校大门外，堆砌在已在此等候的周校长的身边，等"两个钉子户"迈出大门，大门就咣当一声关上了，大锁咔嚓一声锁上了。

"两个钉子户"勾头缩脑，抱臂护胸，嗓门装了消声器，双腿安了振动机，牙齿打颤，面色沉铅，像泄了气的皮球，如受了霜的茄子，惯常了"单衣薄衫蜗守暖室"的过冬方式，这突沐寒风，实在让他们难以招架！

"把行李先放到我车上吧。"这语气，似商量，似命令。

阿兰自顾打战，哲识相地把行李塞进后备箱，并拉起阿兰上了车。

"送你们到哪儿？"周校长和颜悦色。

沉默。

"哲，你到哪儿？"周校长看阿兰还气鼓鼓的，就先问哲。

"我，我，我没地方去。"

"什么？没地方去？干吗不回家？"周校长故作惊讶状。

"爸妈不让回。"哲忧伤的。

"回去过年嘛，怎么不让回呢？"

"说我不争气。"

"阿兰，你到哪儿呀？"

"我，我不知道。"阿兰终于开口了。

"不知道？"

"我爸妈都在上海看病，不能接触人，家人都在那隔离。我姑在北京，我跟她闹翻了，打死我都不会去她家的。"

集体沉默。

"我帮你们想个办法吧？"周校长打破沉默。

"好。"哲几乎没经过思考。

"出门谁都有难处，冲你们父母人都不错，我再帮你们一把。我有个朋友，路子较广，我就托他帮你们暂时找个营生，凑合先干着，有机会我再帮你们想其他办法，快过年了，我也想不出别的法子了。"这语气，全没了商量。

"好，谢谢您哦，周校长。"还是哲。

当着他俩的面，周校长开着免提拨通了我的电话。

"周校长，您好！"我礼貌的。

"刘老弟，我有一件事儿要求你。"

"您请讲。"

"我有两个学生，想利用寒假勤工俭学，你看能帮安排个活不？他们没地方住，最好找个能管吃管住的活。"

"这事儿着急吗？"

"着急，这俩学生就在我车上呢，今晚学校就不让住人了。"

"那你们现在就过来找我吧，我在……，我等你们。"

第一次见到阿兰。

"老弟呀，给你添大麻烦了，这年关光景，我的确是找不到比你更能帮到我的人了。这两个年轻人都是我的学生，人都不错，家里临时遇到了点困难，只能在北京过春节了，我们学校也不能住呀，所以，拜托你帮他们两个人安排个临时的工作，管吃管住，如果再能给个仨瓜俩枣的，那就太好了。我替他们的家长先谢谢老弟了。"周校长言简意赅，礼明，心诚。

我装着不认识哲。

"这时候找工作，又是临时性的，相当难呀！两个小伙子供你们选择的机会很少呀，你们明白吗？"我面露难色。

"明白，真是太谢谢您了！"哲小声回答。

"好的，稍等我一下，我出去打个电话问一下，看怎么安排最妥当。"我话中带为哥们儿两肋插刀的豪气。

"真是谢天谢地，我们运气不错。"我带着喜悦回来，以轻松的口气对大家说。

气氛缓和多了，每个人脸上都有了笑容。

"谢谢啦！"这是我听阿兰说的第一句话，在我心目中这句话得了满分。

这个来之不易的工作是为一个宾馆的附属餐厅刷盘洗碗，恰巧，年底单位会议多、聚餐多、婚宴多，餐厅忙得一塌糊涂，阿兰与哲的工作也因此变得烦劳而重要。

家庭之鼎有三条腿，最弱的那条腿也开始吸收营养了。

• 甜蜜亲子关系的密码

上班第一天，阿兰几乎是刷一个碗，小声嘀咕一声或骂一句，打碎了十几个碗。

上班第二天，阿兰迟到，早退，又打碎了十几个碗。

哲说阿兰情绪很大，这样下去不行的，请我想想办法。

我找到餐厅的经理——我们认识五六年了，私交甚笃，请他帮我个这个忙。我请求他提高对阿兰和哲的工作要求，该批评就批评，该惩罚就惩罚，该扣工资就扣工资，甚至比对其他员工更严格。

上班第三天，阿兰在班上表现"上、好、佳"，下班后在电话中对母亲又喊又骂，还蒙头在被窝里号啕大哭。

第十天，阿兰终于熬到了下班，今天餐厅接了一场婚宴，洗碗间里需要清洗的碟碟碗碗堆成了小山，可把阿兰与哲累草鸡了。草草吃完晚餐，阿兰和衣仰躺在床上，一个"大"字陷入松软的被子里，阿兰从来没有感觉到睡觉如此幸福，稀松的肥肉完全松弛地塌在被子上，八头牛也拉不回的睡意向阿兰铺天盖地地袭来。此时，阿兰手机的铃不合时宜的响起，未接，又响起，未接，又响起，阿兰毛了，气急败坏抓起电话贴在耳边，依然仰躺着，连说"喂"的体力都没有，只是鼻息很重的"嗯嗯"着。

"你疯了吗？我哪有钱呀？我还是个孩子呀！我刷碗刷得手都起泡了，我容易吗？"阿兰嚷着哭着，泪水顺着耳根浸湿了被子。哭声越来越小，不大一会儿，阿兰居然睡着了，接着便鼾声如雷，他实在是太疲惫了。

哲觉得事情不妙，偷偷溜出宿舍，给我打了个电话问个中缘由。我告诉哲，阿兰的反应是很正常的，我今天让你妈妈——哲也把孟萍女士喊妈妈——给阿兰打电话问他能不能寄200块钱给她，就说她现在吃饭钱都没有了，请阿兰提前支点工资，帮她应一下急。

第二天，太阳照常升起，阿兰照常上班刷碗，苦楚着脸，瘪嘟着嘴，惦着心事，他是在想如何向餐厅经理开口申请提前预支200元工资的事。

心里打着鼓，脸蛋染满红云，满脑袋的透明汗珠，吃吃地说：经理，我能提前支点工资吗？我家出了点事，急需200块钱，请您帮个忙，谢谢您！

"阿兰，你最近干得不错，我们饭店规定是不能提前预支工资的，不过没关系的，我先借你200块，等你发工资时再还给我。"餐厅高经理是个嘎嘣脆的主儿，为人仗义，就这三言两语就把阿兰感动得梨花带雨的。此后，阿兰在工作中再也没有让高经理挠头过，他觉得高经理人好，对他有恩，他怎么好意思再给忙得像个鬼一样的高经理再添乱呢。

阿兰前手拿了这200块，后脚就到了银行，据说这200块惹下了萍许多颗幸福泪。萍告诉我说：我要把接收阿兰那200块汇款的那张银行卡永久的珍藏起来，那里装满了儿子对我与他爸的爱，看着它我每晚都睡得特别踏实。

萍道出了良好亲子关系的密码，当孩子做出了对父母爱的行为的时候，父母所受的一切委屈都烟消云散，当天下所有的孩子都把这种行为变成习惯的时候，世上便没有了不甜蜜的亲子关系。

• 座头鲸的华丽转身

临近过年的那几天，是第40届和谐家庭建设＆成才教育四日课开课的日子，如何让阿兰参与到活动中来呢？

请高经理帮忙想个办法吧。

"这还不简单吗，我就说因为阿兰工作表现出色，奖励他一个锻炼的机会——让他负责你们活动现场的茶水服务，这样他就必须待在会场，这样，你们的活动不就会对他产生影响了嘛。"高经理高屋建瓴。

阿兰被安排到"四日课"会场做服务工作，正如所料，他在会场聚精会神的"蹭课"，我按捺着性子等待着奇迹在阿兰身上发生。第一天，平静地过去了，没有特别的故事；第二天，平静依旧，只是，阿兰在听课的过程中，时而目光炯炯，时而热泪盈眶，时而开怀大笑，时而皱眉苦思，时而忘情地叫好，时而叹气摇头，阿兰的情绪被撩翻腾了，心弦被拨震颤了。

第三天中午，阿兰找到我，向我提出了一个申请——他要上台讲半个小时。我努力平复着沸腾的心情："你，讲半小时？确认？""是的，确认，我讲的一定比他们都精彩！"阿兰满满的自信，语气铿锵，期待的目光扎根在我的瞳孔里并有直驱我心海的能量，不给我丝毫说"不"的机会。

我把下午的开端时间给了阿兰，还没等我介绍完，阿兰已经冲到了讲台上，他双手紧握麦克风，由于激动，声音微颤，每一句话结束都重重地咳嗽一声，声音大得几乎要穿透耳膜。

我叫阿兰，暂时是这个宾馆餐厅的一个服务员，这两天在为大家服务的时候也听了些课，我觉得各位家长所讲的孩子的情况都是比较简单的，我给你们的建议很简单：就是不给他一分钱。没有钱，他就牛不起来了。我过去也是个花钱大王，每月都花钱过万，家里出了点事后，我没有了经济来源，开始我是很不适应的，浑身不自在，心里的火特别大，想死的心都有，但没有办法，谁叫我摊上这事儿了呢？于是，我第一次打工，第一次刷碗，第一次自己洗衣服，第一次用借来的钱回报父母，第一次感觉到知识的重要性，如果我是个博士生，我还至于在这里刷碗吗？不要再惯孩子了，你给他一百块，他想要一千块，你给他一千块，他想要一万块，你给得越多就意味着把孩子毁得越很，我就讲这么多，请各位家长们醒醒吧！阿兰的话刚落音，室内即响起热烈的掌声，经久不息。

课后，阿兰被家长团团围住，大家都希望了解阿兰华丽转身背后的心路历程，阿兰则有求必应，逐渐的，阿兰变成了阿兰老师，阿兰说话的口气也便越来越像个老师了。听着"这个孩子多好呀，我娃要像他我就高兴死了"、"瞅瞅人家这孩子多懂事，自己就变好了"、"我的孩子啥时候才能赶上这孩子呀"、"不管以前怎么样，现在这孩子真的懂事，叫人羡慕呀"等等的话语，阿兰脸上泛起了羞涩的、幸福的红润。

活动结束了，参与活动的家长、孩子们都匆匆往回赶，在年前享用到这心灵的盛宴，每个人都笑容满面，阿兰与大家一一惜别。回转身，阿兰还依旧做着他刷碗的工作，但给人的感觉却大不一样了，用高经理的话说是"开窍了"。

● 座头鲸本色

经历这次活动，阿兰和我亲近多了，有事儿没事儿他总喜欢往我身边凑，他说我的话里有他需要的营养，他很喜欢听我说话。我则利用这星星点点的大好机会，把我对和谐家庭建设＆成才教育一百多万字的理论体系毛毛雨似的浸润阿兰那久旱的心田，有时一讲就是四五个小时，本来阿兰上了一天的班就挺累的，我不忍心看他打疲劳战，但阿兰不让我停下来，几乎每次都是我佯装疲惫，他才肯善罢甘休。

★★ ★★ ★★ ★★ ★★

多么可爱的孩子呀，在你思维与行为的另一个层面，却被恶魔把持，如果没有找到通向你绚丽后花园的幽径，肆虐的野草将吞噬花朵的娇艳，人生悲剧的上演就是这么的轻易，原来，美好的人生开启于美好的视角。

各位家长朋友们，在找到这个视角之前，请不要停歇你探索的脚步。

★★ ★★ ★★ ★★ ★★

我与周校长商量对阿兰春节的安排，周校长坚持要阿兰到他家过春节。初一我就把阿兰接到了我家，阿兰说这是他第一次在家以外的地方过春节，过得很有人情味，过得很有意义，这个春节把他过醒了，从此，他将开启奔跑的人生，并感谢我与周校长在他最需要帮助的时候帮助了他。接下来的一周，我带阿兰逛庙会，赏烟花，看电影，走亲戚，访朋友，每天都安排得满满当当，阿兰很享受我的安排，但还是说这些活动太奢侈了，他宁愿听我谈人生讲成长。

春节过后，阿兰的父母、我、周校长我们四人再聚首，商议对阿兰的下一步教育引导计划，我们一致认为阿兰应该再在餐厅里刷一段时间的碗，根据孩子的表现，酌情实施下一个阶段的引导方案。引导方案有三套，每一套都可通"罗马"。

阿兰进步很快，主动和别的员工沟通了，人也开朗了很多，工作干得也无可挑剔，就这样又过了半个多月，我觉得时机已经成熟了，就打电话给周校长，由周校长出面与阿兰谈复学事宜最妥当。

两天后的一个晚上21:40，这是阿兰的休息时间（阿兰21:30下班），周校长带了很多阿兰喜欢吃的水果，来到了阿兰的宿舍。

咚咚

咚咚

咚咚，周校长有节奏地敲着门，没人开门。旋动门把手，门开了，阿兰和衣趴躺在床上，周校长轻拍阿兰的肩膀，一下，两下，三下……

"别烦！"

"我揍你噢！"

"别闹了！"

"我骂人了！"见对方没有停下来的迹象，阿兰气急败坏地一跃而起，瞪大了牛眼，"啊，怎么是您呀，对，对，对不起哦，周校长，您来多久了？"

周校长抬起胳膊，看了一下表，慢条斯理地说："十分钟吧。"阿兰用大手不轻不重的连拍了三下脑门："我以为又是哲在和我闹呢，不好意思啊！"阿兰要请周校长夜宵，周校长没有拒绝。

一个小餐馆，阿兰点了两个热菜，一个汤，一小盆米饭，并与周校长开玩笑说等他有能力挣大钱了，一定请他吃顿大大的餐。席间，周校长进一步了解到冰冷的水冻坏了阿兰稚嫩的双手；由于不舍得花自己的辛苦钱，阿兰已经一个多月没有去网吧打游戏了，已经太久太久没有吃过"神餐"——麦当劳或肯德基，也没喝过"神水"——可口可乐了；阿兰并不坚实的臂膀已经扛起了家庭的重担，当了家才知道柴米贵呀，他切实体尝到了"家道中衰"对一个"娇儿"身心的重创；请给我一个能撬动地球的支点吧，我阿兰是有鸿鹄之志的七尺男儿，如今成了掉了毛的凤凰，周校长您是了解我内心甘苦的少数份子之一呀……

"阿兰呀，我对你的家庭遭遇表示同情，你的确是个有志气的小伙子，能够为家庭分忧，也能够把自己的工作做得好好的。是呀，如果不是你父亲的突发病，你的确是正在宽敞明亮的教室里读书的好学生。人定胜天，听说你父亲的病也在好转，你家的困难是暂时的。你爸爸妈妈都是很好的人，我愿意在你们困难的时候帮你们一把，现在学校已经开学了，我可以将你的特殊情况上报给总校，申请一个特别指标，这样你就可以先欠着学费直接入学了，到时候你就拿着我的饭卡吃饭，在学校里也不用花别的钱了，把你手里的钱再给你爸妈寄过去，你真是个了不起的小伙子呀！"周校长实时抛出了绣球。

阿兰带着感激接住了周校长的绣球。

在接下来的几个月里，阿兰脱胎换骨变新人，他仿佛成了不知疲倦的机器人。英语的世界是弱羊，阿兰恰恰是大灰狼，他拼命地扑向弱羊，奋力撕咬，大快朵颐。天道酬勤，阿兰如愿以偿地拿到了通往国际名校的入场券。

一路的拼杀，太累了，阿兰总觉得身体的怪物在与他作对，让他举步维艰，逼得他不得不去医院检查了。用阿兰自己的话讲"出来混的，总是要还的"——过去两年多乐此不疲的大量"享用"方便面、可乐、汉堡等垃圾食品，在他的腹部形成了一个两斤多重的毒瘤。

手术很成功，阿兰可以轻装前进了，你准备好了吗？

• 我向您承诺：我这条腿绝不会瘸跛

*孟萍说：*刘老师，我再也不担心阿兰摔跤了，因为他学会了走生活、成长、成才的这根平衡木了，我相信即使是再摔倒，他也能爬得起来。没有了对他成长的担忧，我也找到了自我，找到了人生的坐标，我会牢记您给我的建议：做个引领孩子成才的好妈妈。我向您承诺：我绝不拉家庭和谐的后腿，我这条腿决不会瘸跛。

*阿峰说：*刘老弟，我知道你是按照自我教育成才的那一套理论来降服阿兰的，你是那套方法教给他了，你这叫"授人以渔"，他都会逮鱼了，我还担心个啥呀！我现在的任务就是按照你教给我的方法，在人格层面影响他，要让他成个正才，不能成为邪才！家庭方面没问题了，我和你嫂子现在好着呢，这也是我走"平衡木"的好处。我和我爸妈之间也是一个三足鼎，我也在走生活、成长与成才的平衡木，现在我也能影响我爸了，呵呵，老弟呀，你真的是掌握了家庭和谐的密码了。我向您承诺：我绝不拉家庭和谐的后腿，我这条腿决不会瘸跛。

*阿兰说：*有这么好的老爸老妈，我又是这么一块璞玉，再不去雕琢的话，对得起谁呢？我向您承诺：我绝不拉家庭和谐的后腿，我这条腿决不会瘸跛。

• 搁浅？那都是往事了！

阿兰去了自由女神的国度。

阿兰学上他喜欢的专业。

阿兰的成绩非常突出。

阿兰的性格很好了，是很受老师和同学欢迎的人。

阿兰说他想留在国外。

阿兰说他很想刘老师、哲和周校长。

阿兰说你们真的懂他。

阿兰说你们给他的感动，让他终身受用。

……

阿兰，君子兰的兰。

第 六 章

妈妈原谅你打断我的手臂

孩子打断了妈妈的手臂！听起来都令人
毛骨悚然！但是这件事情却实实在在地发生
了，她们母子的感情还能重新修复吗？

刘老师，好消息！斌考上大学了，583分，上海理工大学。真是太感谢您了，这么多年一直帮助我们。您是我们的大恩人呀！

魏敏女士的电话，把我的思绪从2011年8月12日14：30拉回到了2008年5月1日10：00……

• 跟踪惹的祸?

那是我与贺威、魏敏夫妻俩的第一次见面。

孩子怎么了?

唉，我家贺斌没别的毛病，就是迷恋网，一天到晚呀，没完没了，我们全家人都快被他折磨死了！断断续续两年多没有上学了，自从他辍学以来，我们两口子就没消停过，没有睡过一天的囫囵觉，您可一定要帮帮我们呀！

魏女士满腹惆怅，一口气说了这么多。

"孩子以前怎么样?"我开始刨根问底。

刘老师，您想不到吧，初二之前他都好得很，一直是班干部，学习成绩好，人缘也好，老师总拿他做榜样呢，我们可省心了。可自打上了初三以来，就像着了魔，整天与我们犯拧，还跟老师犯浑，你这样老师能不整你吗?

有一天，他班主任就突然打电话给我，说我儿经常不去上学。这怎么可能呢，每天他都是按时吃了早餐背着书包出去的呀。我把这情况跟他爸说了，他当时就急了，要揍孩子。我说咱还没有搞清楚事情是怎么样的呢，不能就这样揍孩子。他爸就说明天悄悄跟着他，看他到底在干什么。我当时也没了主意，就表示赞成。

事情也是该着的，他爸眼神不好，腿脚也不是太灵便，没跟多久就被我儿发现了。就质问他爸为何跟踪他，他爸就实话实说了，斌很生气，反应很过激——要找班主任老师拼命，还责怪爸爸不信任他，并发誓再也不踏入那个"鬼学校"半步，就这样辍学的。

您说是不是不该去跟踪他呀？

刚开始他在家里是待不住的，整天心烦气躁，坐卧不宁，每次劝他上学，他都会大发雷霆，摔东砸西，闹得鸡犬不宁。等他情绪稳定了，我们就问他的打算，他就要求我们给他转学，说是想到一个陌生城市去开始新的生活。我与他爸也没什么社会关系，就多方面打听，折腾了一个多月，在邻居的帮助下，将孩子转到了河北省保定市的一所重点初中借读，插班读初三下半学期。当时他决心挺大，表示一定要好好学习，证明自己的实力。可是，课程差了几个月，教材也不太合拍，孩子学起来很吃力，又人生地不熟的，在学校里也没有个交心的朋友，就这样坚持了一个多月，他就再也不愿意去了。看他每天上学回来那痛苦的样子，也就没有再逼他，我知道我儿的个性，强迫是不好使的。

孩子说想到姐姐家住一段时间，不想回家后听我们唠叨，我寻思这也是好事儿，我知道他是心里有扣，也想让他姐姐姐夫劝劝他。就这样，我把孩子送到了他姐姐那里，我每隔个10天、半个月的就从大东北的往北京赶，每次来看他，他都烦躁得很，态度一次比一次恶劣。最后一次看他大概是8个多月前，他就恶狠狠地对我放话：今后，不要再来烦扰他了，不然后果自负。我知道我儿是什么人，他说出的话是算数的，所以我再也不敢贸然去见他了。想见他时，就打电话给他姐姐，得到的回复都是"他不愿意见我"，您说这咋整呀？

魏女士一口气说了这么多，贺先生静坐在旁，表情凝重。

您家的情况我大体有所了解了，但还远远不够，今天我并不能给你们任何具体建议，等你们参加完这次和谐家庭建设＆成才教育四日课之后，我们再深入探讨，只言片语蜻蜓点水似的建议或许只会误导你们，先住下吧，把这个和谐家庭建设&成才教育信息表填完，明早参加课程的时候交给我。

"好的，刘老师，明天见。"敏说着，起身招呼着威，与我寒暄几句后，走出办公室。

• 家庭总动员

"四日课"很快过去了，贺先生夫妇意犹未尽，请求我帮他们开个小灶给些指导，我提了三点：

一、请认真做好和谐家庭建设&成才教育日记，我会就其中的问题，及时与你们沟通探讨。只有你们调整了心态与方法，才能理解孩子，才有机会走进孩子的内心世界。

二、请斌的姐姐找我一下，我要向她了解斌的现状，以便展开下一步工作。

三、参与7月、8月两场"四日课"及期间的和谐家庭建设&成才教育实战沙龙，以巩固学习成果。

7月份的四日课，贺先生夫妇都过来了，还带上了女儿。课后，我们热烈地探讨了好多问题：

1. 斌现在到底怎么想的？

2. 斌算不算上网成瘾？

3. 要不把网络停掉？

4. 姐姐该不该给斌零花钱？

5. 姐姐该不该将斌驱逐出户？

6. 姐夫该不该拉下脸教育斌？

7. 该不该逼着斌去找工作？

8. 现在一和他谈上学的事儿他就气急，他到底还能不能去上学了？

9. 我爸妈现在还需要怎么提高？

10. 我和他姐夫该怎么做？

11. 刘老师，您有什么打算？

……

一讨论就是几个小时。我能感觉到贺先生夫妇有了十分明显的提高。几乎听不到他们那令人绝望的叹息声了，平时的表情也不再是眉头紧锁，脸上时而还会绽放一些笑容，他们自己也说没有以前那么焦虑了，相信用现在的方法能够帮助孩子走出困境。

☆☆ ☆☆ ☆☆ ☆☆ ☆☆

家长朋友们纠结于具体问题，可能是因为：

1．对课程体系没有个整体的认识；

2．对我们的救助方案理解得不完整或认知有偏差；

3．没有认识到孩子所遭遇挫折的根本原因；

4．没有完成自我的突破，即没能达到生活、成长、成才的相对平衡状态；

5．没有自信，不相信自己能运用我们所倡导的理念与方法帮孩子成人成才；

6．依赖思想，企图让我们全权代表他们去教育引导孩子。

☆☆ ☆☆ ☆☆ ☆☆ ☆☆

• 冰山＝我们看得见的部分＋我们看不见的部分

他们所提的大多是共性的问题，我将其归结为四个层面：

一、孩子当前的主要想法是什么？

1. 用向善性的思维看待孩子当前的主要想法。动物有求生存的本能，人类有求成功的本能，要相信孩子终究是想好的。

2. 参照孩子过去的主要经历判断孩子当前的主要想法。在初二之前，斌都是"榜样"，这就是他的主要经历，过去是"榜样"，未来也可以是"榜样"，只是我们没有找到通向他绚丽后花园的幽径而已。

3．结合孩子的成长环境来判断孩子当前的主要想法。孩子的成长环境由5个部分构成：家庭、学校、伙伴关系、大众传媒和自己。据和谐家庭建设＆成才教育信息表上的信息显示，斌最敬佩的小叔贺武在斌初一时出事了，他触犯了刑法，在当地掀起了轩然大波。事后听斌讲，小叔不仅对他影响很大，对他的很多同学也有很大的影响，犯法前的小叔是他们心中的偶像，小叔犯法给了我放纵的理由，标杆都倾倒了，我还有立着的理由吗？

二、如何看待孩子当前的非理性行为？

1．分析非理性行为产生和延续的条件。孩子的非理性行为产生于消极的生活状态，并在父母的示范、忽视、矛盾、争斗、无奈、退让与妥协中得以扩大与延续。冰冻三尺非一日之寒，孩子极端的非理性行为也是极小恶之结果。父母及兄弟姐妹在生活、成长与成才方面的消极状态，都可能被模仿，这种模仿具有隐蔽性——因为模仿行为可能始于幼年，形成于童年，并在青少年时期以非理性行为的方式得以呈现。

2．分析非理性行为背后隐藏的心理需求。非理性行为只是特定心理需求的外在表现形式而已，这个表现形式可以是无节制的睡觉，可以是无节制的购物，也可以是无节制的打电脑游戏，还可以是废寝忘食的学习或工作，表现形式多种多样，它们之间可以相互替代或转化，并不受社会评价体系的影响。

3．捕捉非理性行为中所释放的积极信号。非理性行为并不是平行发展的，也有个开始、发展、鼎盛、衰退及合理化的过程，在不同的阶段，支撑非理性行为的心理动力的能量是不同的，我们可以因势利导，将行为人的行为往我们期望的方向引导或转化。

三、如何剖析孩子与家庭的心理联结？

1．孩子为什么要反感我们？孩子是家庭关系的产物，但同时他的位置又是在社会关系中丈量的，家庭关系能否促进他们所感知到的"社会认可"，已成为越来越多的现代孩子们衡量与家长亲情的标准。我们不能简单地评价这个"标准"

是对还是错，但这个角度为家长朋友们敲响了警钟——如果不与时俱进，我们将被整个社会所淘汰，其中包括我们的孩子。

2．如何唤醒孩子对我们的爱？只要借着和谐家庭建设＆成才教育认可体系表（见120页）理顺了家庭成员之间的认可关系，家庭成员之间的爱就良性循环起来了。

四、我们的课程到底要解决什么问题？

1．每个家庭成员成才的问题。

2．家庭和谐建设的问题。每个家庭成员都充分掌握以下六条和谐家庭建设的规律与方法，让和谐美满的家庭氛围千秋万代地传承下去。

（1）摆正在家庭中、家族中及社会人际关系中的角色位置；

（2）正确认识、体验、担当生活、成长、成才中的实际压力；

（3）面对机会和诱惑时正确的行为选择；

（4）与家庭成员之间爱与认可体系的有效建立；

（5）合理经营持续的蕴含着精神力量与爱的合法经济来源；

（6）提升自我价值的思维与行为方式的形成。

8月份的四日课，贺先生夫妇又准时报到了，活动中，他们积极踊跃，专心致志。看他们的心态调整得很好了，我就对魏女士说："感谢您对我们的认可与支持，你们能完全按照我建议的去做，让我很感动，你们的进步与提高有目共睹。见证奇迹的时刻到了，国庆节期间的四日课把斌带过来吧，我一定给您一个大大的惊喜。"

魏女士对我的话深信不疑，半年的接触，她知道我不是个轻易许诺的人，更重要的是经过这三期四日课，她目睹了一百多个比斌更"顽固"、更"恶劣"、更"不可理喻"、更"十恶不赦"、更该"天打雷劈"的刺儿头——这些"形容词"都是参与我们活动的、被孩子折磨得"要死要活的"家长们对自己孩子的评价语，而我从来不用这些恶毒的词语来形容那些内心"伤痕累累"的花朵们的，都被我们给"理"顺溜了，当即就表示："刘老师，您放心，就是绑，我也要把他给您绑过来。"

您知道的，我向来是最反对使用强迫与武力的方式来对付孩子们的，那样会铸成更大的错与仇恨。精诚所至，金石为开。学习了这么久，千万别再穿着新鞋走老路了。

"明白了，刘老师您放心，我有分寸的。"魏女士信心满满。

但也让我有点担心——我在她的体态语言上捉到了"斗志昂扬"的影子。

● 警察送来的"刺儿头"

时光荏苒，光阴似箭，一个多月转瞬即逝，又到了国庆节四日课的时间了。

10月1日下午，突然接到魏女士的来电：刘老师，斌一会到您那儿，是警察送他去，我不能与他一起出现，您看过他的照片，他们马上就到了，麻烦您一定要稳住他呀，我是费了很大的劲才把他弄来的，拜托啦！她的语速飞快，说完就挂了电话，让我觉得有些异样。

还没愣过神来，一个一米八几的小伙子就杵到了我面前，其身后紧贴着一位表情严肃的威猛警察。我顿时了然，伸出右手，泛出微笑"是斌吗？"

"嗯"小伙子小声应承着。

我迎视着警察先生，自报家门："我叫刘光应，一起到我办公室喝杯茶吧。"

"不了，不了，我还有安排，你们俩去吧。"警察先生言语铿锵有力，说着他用手轻推了一下斌的肩膀，使斌更靠近我半步，他在斌的身后向我使个眼色——兄弟，我把人交给你了，我闪了——这是我意会的。

我一只手触在斌的左上臂外侧——一则表示亲近；二则出于自然，因为我们俩挨得太近了我要转身，把持他的手臂更容易转身；三则我下意识里冒出了"hold"的概念——说不清，道不明的，可能也有出于"安全感"方面的考虑。斌没有挣脱的意思，其实也不需要挣脱，我触他手臂的手只是紧贴着的。我另一只手向前一指，爽朗地说："就在那儿，几步路，有请！"斌没说什么，顺从地进了办公室。

关门。

落座。

上茶。

遵照我的安排，斌在我的正对面落座。我则十分专注地忙乎着工夫茶，尽量减少对斌的关注与情绪干扰，斌的表情慢慢松弛下来，似乎很享受我沏的茶。我们默默地对饮着，世界静极了，我们仿佛可以听到对方心跳的声音，而我内心却翻江倒海——为什么斌是被警察扭送过来的呢？为什么魏女士不早说明这一点呢？为什么魏女士在电话中说话如此急促呢？斌好像是知道我这个人，不然他怎么会如此恬淡的与我对饮呢？我是该"开门见山"还是"投石问路"呢？

我一时理不出什么头绪，于是，决定继续在沉默中观察。我放慢了沏茶，喝茶的节奏，以便从斌的肢体语言中品味出点什么名堂。我注意到斌偷偷地瞄了我好几次，之后又恢复"用心"品茶的状态。我又发现一个特意思的事，斌在模仿我拿茶盅的姿势——我们喝的是铁观音，用的是十几毫升的小茶盅。

我直觉斌对我没有"恶意"，于是，我决定投石问路："斌，差不多了吧？"我轻声地，口气像是对多年老友一样。

"我本来也没想怎么样呀！"斌的话语中带着委屈，脸都憋红了，好像是在向我诉苦——这是我没有预料到的，同时，也是我所希望的。

★★　★★　★★　★★　★★

全家总动员的工作显效了，我明显感知到了斌对我的"熟知"与"好感"。

近半年来，斌的姐姐姐夫把我包装得像"人间天使"，以至于斌对我产生了"浓厚的兴趣"，斌对我的感受正像我对他的一样——虽然我没有见过你，但你已然是我心中重量级的存在。

★★　★★　★★　★★　★★

斌的回答让我暗自高兴，他的领悟能力很强，他抓住了主干——我言语中所传递的善意和建设性。

我捕捉到了"这个小伙子想要改变现状"的讯息。

"你完全可以过得更轻松，更开心些的，这取决于你的选择，我有很多方法可以助你一臂之力。你可能也知道，我一直敞开着温暖的怀抱等待着你的，今天你来了，我为你感到高兴。"斌抬头看了我一眼，眼角带着点点笑意，分明向我传递着点点的友善。

虽然我笑眯眯的示意想听听他的想法，两分钟都过去了，斌仍没有要说话的迹象。

"这次课程是启发你思考的绝佳平台，思考什么呢？"我身体前倾，压低声音，语速很慢，语重心长。

"我知道。"斌很肯定。

"可以更清楚的讲给我听吗？"我的语气里只有亲切。

"不就是想出路嘛，若不为这，我决不会出现在这里的。"斌还是肯定的。

"感谢你对我的信任，你希望我怎么做？"我真诚的。

"我可以留下，但我绝不参加课程。"斌直视着我，目光中带着倔强，语气坚决，特别强调了"课程"二字，看来斌把"四日课"当成洪水猛兽了。

"好，我答应你。"我轻快地接下斌的话茬，旋即起身，伸出手要与斌来个"拉钩上吊盖章一百年不变"的手指游戏，斌愉快地接受了，室内气氛顿时友好起来。

"这次活动人手很紧，我一个人当几个人用，分身乏术，你能帮帮我吗？"我在寻找另一朵可能有雨的云彩。

"可以。"

"多一个你帮我，太开心了！你就做我的助理吧，帮我做些你力所能及的工作，ok？"我趁热打铁。

"好的"斌依然很干脆。

"为了便于开展工作，你就和我住一起吧，你就睡我没睡过的另一张床吧。

你把这些表（指"和谐家庭建设＆成才教育信息表"见84页）仔细看看，在每个表上写下自己的五条意见或建议。五十多个家庭呢，这个工作量是很大的，今天尽量完成，明天就没有时间再看这些了，有问题吗？"我加快了节奏。

"没问题。"斌干脆利落。

"一小时后我把表格交给你。"

"好的。"

• 积沙成塔　集腋成裘

布置好斌的工作，我长长地舒了口气。接下来，我要充分考虑到斌的因素，合理安排我的时间与工作方式。我把时间分为三个大的部分——正常讲课时间、课后与新老家庭互动沟通时间及一日三餐的时间，很显然，留给斌的时间只能是一日三餐的时间了。要在这么点的时间里完成对斌系统而有效的沟通，是个极大的挑战，为此，我制订了详细的工作计划。

时间	工作内容	工作目标
10月1日下午、晚上	安排斌阅读部分参课家庭的和谐家庭建设＆成才教育信息表，并提出5点意见或建议	让斌全面感受孩子遭遇挫折后其父母焦虑、痛苦、无助的心情，并引发其对和谐家庭建设的思考。
备注	1．斌直到凌晨3点才完成任务，其间，我三次催他休息都没能奈何他要完成工作的热情与决心。 2．斌给出的每一条意见或建议都很精彩，因为他都是在掌握全信息的基础上给出他的观点的。 3．斌在其中的一个表上写了八点建议，这个表上的"孩子"引起了他的"共鸣"，这些"建议"既是为那个孩子"申冤"，也是打开他自己心锁的钥匙。	

给斌的这些表都是经这些家庭同意了的，让他等待的那一小时就是征求那些家长同意的时间。

它山之石，可以攻玉。几十个家长的困惑引发了斌的思考，难道所有的家长都错了吗？难道孩子们就没有一点点责任吗？有这样的思考，就是很大的进步。

时间	工作内容	工作目标
10月2日早	①带着斌与过去参加过活动的家长们一起吃早餐 ②把四日课的课件交给斌，让他按照我上课的进度自学	让斌听到家长们表达的如下信息： ①过去孩子不懂事时，我们觉得生活没有了希望，夫妻之间相互埋怨、吵架、打仗甚至闹离婚；现在孩子懂事了，我们夫妻俩的关系甭提多好了。可能正是因为我们之间的不和谐才造成了孩子的问题，这是血淋淋的教训。 ②只要我们改变了，孩子就会改变。我们要对自己有信心，更要对孩子有信心。 ③家长们做到了生活、成长与成才的平衡，孩子就会照样学样，我现在还没做好，但孩子明白过来了，他现在成为我的榜样了。
备注		1. 斌说他更喜欢那些过去参加过课程的家长，因为他们提起孩子时不那么"面目可憎"。 2. 在参加过课程的家长身上，斌看到了他爸妈进步的痕迹。斌说虽然爸妈曾经伤他很深，但他们毕竟在"成长"、"成才"的路上了，而他还在原地，再一动不动的话，就完全是他自己的问题了。

我们的老朋友们都是充满正能量的，只要他们聚在一起，永远是相互传递喜讯，永远是笑声满堂，他们是很可爱的人，虽然有些家庭问题还比较"严峻"，但他们总是隐藏起"镣铐"翩翩起舞，他们学会了"正能量是爱，唯有爱才能打开孩子的心锁"思维方式，并时刻在实践中应用。

和这些人一起，斌深刻感受到了"改变"的魅力。

时间	工作内容	工作目标
10月2日中午	带着斌与过去参加过活动的孩子一起吃早餐	让斌听到如下信息 ①孩子们争相诉说着自己改变的心路历程，检讨着"罪大恶极"的过去，描述着现在的幸福与未来的美景，他们的内心像自由的小鸟。 ②忆往昔：过去"犯浑"时对父母的种种伤害。 ③看今朝：现在"幡然醒悟"后又是多么多么珍惜父母的爱。
备注		1. "闻道有先后"，那些比斌还小的"先闻道者"的话语像铁锤一样，字字句句敲打着斌的心扉，别人能做到的事儿，我为什么就不能做到呢？ 2. 斌品出了改变都是"先苦后甜"的道理，大家都经历了从沉睡到苏醒的过程，这个过程越短成就感与幸福感越强，他需要多长时间完成这个过程呢？他要以谁为榜样呢？

这些正在学走或已经会走生活、成长、成才这根平衡木的可爱孩子们在一起的时候，总是向别人展示自己闪光的一面，哪怕是检讨过去的方法都充满着善意。他们创造的芝兰之室让斌迷醉，同龄人之间没有心的沙漠和爱的荒原，斌的心已经开始升腾。

时间	工作内容	工作目标
10月2日晚餐	带着斌与新老带着斌与新老家庭一起聚餐家庭一起聚餐	大家畅谈和谐家庭建设之道，让斌感受到和谐之家那浓浓的亲情与满满的幸福
备注		1. 斌说"同听四日课，差别千万里"，家庭和谐建设的理念与方法是共同的，但大家理解、吸收与应用的程度千差万别，看到那些"固执"的人，他真的为他们着急，替他们难过。 2. 总体来说，学习对大家都是有益处的，最起码让大家都沉下心来，都有了前行的目标。

大家探讨的主题是我事先设计好的，我想让斌看到家庭和谐原生态的那一面——有人哭，有人笑，但不管是哪种状态，大家都选择了奋力前行。受大家的影响，斌也沉下了心，他已经不是家庭的"局外人"，开始忧"家"忧"己"了。

时间	工作内容	工作目标
10月3日早餐	带着斌与新参营但不愿意参与活动的孩子一起吃早餐，让斌与他们交流，并努力对他们产生积极影响	①让斌与这些同样不愿参课的伙伴沟通，本身就是对他自己的教育，让他产生"己所不欲，还施以人"的矛盾。 ②让斌讲出参课的好处，他就会把前两天的所见所闻所学讲给他们听，不用担心，他所讲的肯定是积极的，他也在为他们营造"芝兰之室"。 ③斌现在的身份是"老师"，在面对别人的"偏执"、"不配合"、"执迷不悟"、"叛逆"等等时，他一定会有"似曾相识"之感，我期望这种体验会让他"幡然醒悟"。
备注		1. 斌很投入，"老师范儿"十足，他用别人转变后的喜悦做道具去游说他们，不管他们有没有听进去，起码说明斌对别人转变的认可及他本人对转变的意愿与期待。 2. 斌说以前不理解"不识庐山真面目，只缘身在此山中"的深意，现在他理解了，人犯迷，犯固执，往往是因为没有跳出问题本身。

让水平仅仅高一点点的学生当老师，效果就是这么神奇。

时间	工作内容	工作目标
10月3日午餐	安排斌与新参与活动的一对夫妻共进午餐 ①斌对他们提出5点建议，并向我反馈 ②他们对斌提出5点建议，并向我反馈	①让斌有机会接触到"家庭认可体系"，并以自己的方式为该体系的良性运转增砖添瓦。 ②通过斌的"建议"，了解斌对家庭和谐建设要点的理解与掌握程度。透过斌的"建议"分析斌的心理。 ③了解斌对别人"建议"的接纳状况，据此，调整与制定对斌的更有针对性的工作计划。 ④借助斌的视角了解四日课的效果，以及时予以修正与调整。
备注	1. 这一对家长是事先选择好的，必须是斌极其认可的家长。 2. 要把我要说的话事先告知这对家长，借助他们之口说出这些话，效果会更显著，事实证明的确如此。 3. 孩子们给的"建议"往往让家长们很震撼，这又成为我们四日课的亮点。	

当孩子们和他们喜欢的家长（别人的父母）在一起的时候，他们总是很兴奋，很幸福，很有礼貌，他们总是不知疲倦的展示他们真善美的一面，他们会用心听这些家长们的每一句话，并真诚对待他们给予的每一条建议。

认可的力量就是这么惊人！

当家长们俯下身体用心倾听别的孩子的心声时，他们往往会收获一些惊讶VS惊喜：他们总是自作聪明的犯一些伤害孩子的低级错误。

时间	工作内容	工作目标
10月3日晚餐	我与斌一起共进晚餐。 结合四日课的理论与方法，请你谈谈： ①在和谐家庭建设&成才教育的目标下，如何做母亲? ②在和谐家庭建设&成才教育的目标下，如何做母亲?	引导斌： ①理性地看待妈妈。 ②理性地看待爸爸。
备注	1. 我惊喜地发现，斌在运用我的理论体系和方法看待爸妈，这是我想要的结果，因为他爸妈都已经按照我的体系修炼快半年了，斌想要的可能正是他爸妈所已经具备的。 2. 斌对我所布置的作业完成的质量超级高，这说明他对我的认可度比较高，这很利于我完成对他的引导认可。	

我对布置作业的重视与考核，又提升了斌对"四日课"学习的劲头与质量。

时间	工作内容	工作目标
10月4日早餐	让斌与新参与此活动并有很多收获且坚定要"浪子回头"的孩子，共进早餐，请斌把沟通的要点及心得体会记录下来，餐后交给我。	让斌在对比中寻找自我突破的答案： ①分享别人"新生"的喜悦 ②寻找自我突破"按钮"
备注	1．在这个环节，斌自然地失去了发言权，他不知不觉地失去了"老师的光环"，他有一种失落感。 2．这些在他眼皮子底下发生的"浪子回头"的奇迹，挑拨着他的雄性激素，以他的状态，我相信他会选择在沉默中"突破"。	

选择在这一天安排斌与"新回头的浪子"亲密接触，是有深意的。我是想证明"青少年完全可以通过自我教育成人成才的"，而这就是今天即将要讲的主题。斌的记录又可以成为我讲课的素材，而素材中的主角又可以成为榜样或标杆，我相信榜样的力量，实践证明大家也相信。

时间	工作内容	工作目标
10月4日午餐	由我带斌与其父母共进午餐，要求斌与其父母都要选择沉默，听我谈两方面的情况： ①斌为我所做工作以及斌的巨大的、可喜的转变 ②斌父母半年来的巨大转变	开始斌与其父母的破冰之旅： ①我们的目标无比清晰：和谐家庭建设＆成才教育。 ②双方都为这个共同的目标付出了大量的努力。 ③大家的努力到了可以收获的季节。 ④这几个家庭所遭遇的情况比我们还艰难，如5号家庭、8号家庭、37号家庭等，他们已经取得了突破性进展，请你们全家对他们予以关注，学习是为了借鉴与超越，我相信你们的力量。
备注	1．有时"一言堂"是很好用的，没有争论，又能把问题说得很清楚。 2．列举了三个家庭供他们学习，对他们提出了具体的要求，他们的目标更具体了，前进的速度自然就更快了。	

表面上看，好像是我随心所欲的说了几个家庭，其实不然。在说这几个家庭之前是征求了他们同意了的，并给了他们额外的辅导，请求他们协助我向一个神圣的目标迈进——实现斌的成长突破。

时间	工作内容	工作目标
10月4日晚餐	让斌选出最优秀父亲母亲，最优秀的孩子，并详细说明选拔的标准	其实这是变相地让斌整理出在和谐家庭建设&成才教育的框架下他对自己及父母的要求
备注	1. 斌的爸妈看到斌写的东西，如获至宝，孩子进步之神速，让他们惊喜，并表示孩子所提的要求并不过分，他们一定做到，决不打一丁点的折扣。 2. 斌对自己也提出了相当高的要求，看来他是要动真格的了。	

我给斌上课，斌也给我上了一堂课。

时间	工作内容	工作目标
10月5日早餐	斌与其选出的最优秀父亲共进早餐，并请斌提交交流心得	①进一步了解斌对其父的期望。 ②这个父亲会代表自己、我、斌的父母给斌很多意见和建议。
备注	1. 斌的心得就是斌爸妈的宝贝。 2. 这个斌选出的最优秀父亲会与斌建立长久的联系。	

这个父亲也是我与斌的父母的代言人。

时间	工作内容	工作目标
10月5日午餐	斌与其选出的最优秀母亲共进午餐，并请斌提交交流心得	①进一步了解斌对其母的期望。 ②这个母亲会代表自己、我、斌的父母给斌很多意见和建议。
备注	1. 斌的心得就是斌爸妈的宝贝。 2. 这个斌选出的最优秀母亲会与斌建立长久的联系。	

这个母亲也是我与斌的父母的代言人。

时间	工作内容	工作目标
10月5日晚餐	斌与其选出的最优秀孩子共进晚餐，并请斌提交交流心得	①斌找到自己的榜样。 ②斌确定自己的目标。 ③这个孩子会代表自己、我、斌的父母给斌很多意见和建议。
备注	1. 斌的心得就是斌爸妈的宝贝。 2. 这个斌选出的最优秀孩子会与斌建立长久的联系。	

由于计划周全，对斌的沟通与引导取得了预期的效果。片片碎小的时间集结起来，居然让斌产生了如此大的变化，果真应了"积沙成塔，集腋成裘"的道理。

• 你能忘掉过去一切的不快吗?

时间：2008年10月6日14：00—18：00

地点：和谐家庭建设 & 成才教育中心（以下简称中心）

人物：刘光应、斌、贺先生夫妇

事件：为斌的家庭做和谐家庭建设 & 成才教育个案沟通

准备工作：

一、提前与贺先生夫妇达成四点共识：

1. 不允许主动谈孩子的计划与打算；

2. 不允许与孩子进行任何争论；

3. 不允许回答我的任何一个斌可以回答的问题；

4. 坚决达成和谐家庭建设 & 成才教育的目标。

二、提前与斌达成三点共识：

1. 不翻旧账；

2. 不得冒犯父母；

3. 坚决达成和谐家庭建设 & 成才教育的目标。

我请斌把其父母请到中心来，不到5分钟贺先生夫妇跟随斌进来了。

我故意不安排他们的座次——我以这一小小的"伎俩"观察如此给他们造成的小小的紧张，还是斌比较机灵，他选择坐在我的身旁——这是我所希望的，于是，我示意贺先生坐在斌的对面，魏女士也就坐在了我的对面。

人都已坐定，我慢条斯理的为各位斟上茶，并旁若无人的神品起来，半小时前我就在办公室里候着了，茶香早已恬静了我因期待而稍泛涟漪的心境。斌也出奇的平静，或许是这几天他已习惯以茶清心的缘故，或许他已放下了心中的"屠刀"，故呈现出无毒一身轻的佛态。贺先生夫妇算是我的老朋友了，或许是对我的信任，或许是对我工作方法的适应，或许是清晰感受到了孩子的可爱与改进，他们茶杯在手，香茶入口，也是放松得一塌糊涂。

表面上看，大家都成竹在胸，实则脑海中早就"风暴漩涡"，至少我是这样——全脑总动员"搜刮"合适的言辞，"酝酿"妥当的语调、语气及贴切的体态语言。"非常高兴，也非常荣幸，在这个举国欢庆的伟大的日子里，与你们这个幸福家庭在一起。为什么我说这是个伟大的日子呀？"

这个不可能产生分歧与冲突的话题能打开斌的话匣子吗？

贺先生夫妇理所当然地选择了沉默，他们没事人似的悠然品茗，我"听话权"在握当然也泰然自若了。时间疯狂流淌，沉默带来的压力渐行渐沉的向斌的侵袭，他终于沉不住气了："谁都知道的，是国庆呀。"

"谁的生日呀？"我明知故问。

"新中国。"斌迅速回应。

"还有呢？"

"不会是您的生日吧？"斌用求证的目光看着我。

"非也！"我肯定的。

"那我就不知道了。"

"生日也有新生的含义，明白我意思了吗？"我意味深长地看着斌。

"大概明白了。"

"伟大祖国的生日，我们家庭重建和谐的生日，斌你雄狮苏醒的生日，斌你实现华丽转身的生日，斌你梦想起航的生日，多么美好的日子呀，是这样吗？"我应用气势磅礴的句式，以烈焰般的热情，以坚如磐石的炯炯目光，以充满无限信任的口气，来引燃斌那一触即发的、火药桶般的激情——几天的能量盛宴，斌已经憋了一肚子的话了，他还能压抑住内心怒放的冲动吗？斌微侧着身，盯视着我的侧脸，身体前倾，双手呈握拳状紧压在大腿上。我迅速站起来，侧身并后退一步，向斌伸出友好的左手，斌顿时不知所措，身体微微后仰，一只手撑着沙发，小腿肚紧贴在沙发沿，站了起来，用颤抖而宽大的右手紧紧地抓握住我，激动地吼道："是！"

我轻拍斌的肩膀，示意他坐下，我随即也坐下了。

"生活因用心经营而精彩，看到你们一家三口这样幸福的坐在一起，我真的好开心！让我们挣脱过去的枷锁，齐心协力，重塑更加美妙的未来吧！贺先生，您能忘记过去一切的不快吗？"

"我早已忘记了过去，斌还是我的好儿子。"贺先生声如洪钟。

"好！半年来，您苍老了许多，头发几乎全白了，斌你看看你爸是不是老多了？"我侧身问斌，并盯住他，等待他的回答。

斌抬头，很专注地"锁定"父亲的白发，紧绷着一字唇，眼眶湿润，过了好一会儿，憋红着脸，从鼻腔发出了一个极富感情的字"嗯！"。

"魏女士，您呢？"我紧跟鼓点地发问。

"我指定能忘记过去，我只往前看，斌你永远都是妈的好儿子。"泪水像断了线的珍珠，从魏女士的眼眶中急坠而下。右手打着石膏绷带，左手捂在胸口上，任凭泪水打湿上衣前襟、左手衣袖，魏女士压抑太久了，此刻唯有泪水才能减轻她巨大的心理压力，她是带着微笑而垂泪的——她的手臂是因为没有征得斌的见面许可，擅自见斌而被打骨折的，这是前几天刚发生的事儿——在母爱面前，任何言语都显苍白！

虽在和谐家庭建设＆成才教育的疆场上，身经百战，千百次经受家长们悲风泪雨的洗礼，我的心还是被魏女士给震撼了，我的双眸湿润了，嗓门干涩了，两腮酸胀了，面皮紧绷了，我不得不借助沏工夫茶来平衡情绪了。

"是啊！往前看，春光明媚，繁花似锦，一派生机盎然；往前看，有希望，有欢笑，有梦想的港湾；往前看，有家的温馨，有家的爱，有家的幸福美满。斌，你能忘记过去一切的不快吗？"

斌紧张起来，额头蹿出一颗颗黄豆粒般大小的汗珠，被妈妈热泪炽烤的良知嘶吼着，挣扎着，呼救着，他慌了神，一脸风霜，满眼雨雾，整额云朵，带着闷闷的鼻音："我试试吧。"

我故意慢下来，等待大家的情绪都能平缓呼吸的时候，我出了重拳。

"试试？你慢慢试吧，我走了，Bye bye！"我语速很慢，同时慢慢站起身，做出斌让路的手势。

斌一把钳住我，强力把我的臀部拉回沙发，差点没把我的手臂拉脱臼了，语气坚定：我也忘记过去，我要做个好儿子！

• 野火烧不尽？春风吹又生！

仅仅忘掉过去的不快就够了吗？

显然不够。

忘记是打破；行动才是重建。

"我很喜欢你们现在的家庭状态。我真的担心，半个月之后，你们又陷入更痛苦的深渊之中，斌，你能理解我的意思吗？"我语速极缓，声音低沉，眉头微锁，一脸凝重。

"不太理解。"显然，斌不明白我的葫芦里卖的是什么药，而贺先生夫妇也是瞠目结舌——怕我破坏了好不容易才调理好的美妙气氛。

我走到贺先生的身旁，做一个请他站起身的手势，贺先生不解地站起来，按照我的要求与我调换了座位——这样，我就与斌面对面了，我浅浅地坐着，以便离斌更近。当然，我与贺先生换位还有另一层深意，就是让他们父子俩方位距离更近。

中国有句古话叫"无事生非"，这句话极有道理。试想，这次回家后，如果斌你找不到一件能够持续发展的、并能够给你带来光明前途的事做的话，你们家庭的情绪很容易恶化，并进而陷入恶性循环的怪圈。

试想，明天你们一到家，妈妈把中午饭做好，带着微笑招呼到："斌，吃饭吧。"于是，你吃饭，吃完饭后又无事可干。晚饭做好了，妈妈又面带微笑的招呼到："斌，吃饭吧。"于是，你吃饭，吃完饭后又无事可干。第二天早上，妈妈把早饭做好，依然带着微笑招呼到："斌，吃饭吧。"于是，你吃饭，吃完饭后又无事可干。只等着吃中餐了。第一天，第二天，第三天，第四天，到第十天，妈妈都能面带微笑，但有一点值得深思，心里没有"希望"、"快乐"，而面子上的微笑能保持多久呢？你能享受得了这"挤"出来的微笑吗？

斌一直是半张着嘴听我说话的，他掉进了我描述的情景里了，没想到我会发问，稍显慌张而失落："会很烦的。"

"是的。我们都不想这样，怎么才能避免？"我问斌。

又是沉默，长长沉默。

"我刚才已经给了答案了。你再好好想一想。"

又是沉默，长长沉默。

☆☆　☆☆　☆☆　☆☆　☆☆

我宁愿被沉默榨干骨髓，也不会替代斌做重大的选择，为什么呢？

从事和谐家庭建设＆成才教育工作八年多了，接触的家庭数以千计，我个人的成长可以分六个阶段：

第一阶段："急"于助人。那时找我的几乎都是孩子遇到成长挫折的家长，他们把我当成了"救火队员"，上来就摆问题，我的孩子不上学了，刘老师你去帮我劝劝吧，或者是我的孩子整天宅在家里不出门，可能是自闭症，刘老师你帮帮孩子吧，让他也能像别的孩子那样该打球打球，该疯玩疯玩，只要不在家里待着就行，如此等等。看到家长们愁眉苦脸的样子，我自然也是急在心里，好吧，走吧，我这就跟你去"对付"他们。就这样，我带着家长们传染给我的情绪，雄赳赳气昂昂的就冲去见孩子，这样的结果是可想而知的，孩子们直接把我看成家长们的"帮凶"了，失败的教训历历在目，痛心呀！

第二阶段："盲"于助人。孩子不是不上学嘛，咱想办法让他上学不就行了吗。于是，就把关注点聚焦在孩子身上，想各种促进孩子上学的办法，根本不去深究孩子为什么不去上学，可能孩子现在面临的问题比不去上学更为严重，但家长"不举"，我们也"不究"，如此这般，蹉跎了自己的岁月，耽误了孩子们的前程，罪过呀！

第三阶段："忙"于助人。"没有金刚钻，就别揽瓷器活"这句话是很有道理的，但这么简单的道理在我们初做这个工作的时候并没有悟到。那时候，我们总是想帮助人，想帮助更多的人，只要你找到我，我就来者不拒，每天忙得焦头烂额，晕晕乎乎，经常是把张三当成了李四，把李四当做了王五，弄得自己心力交瘁，也没有给求助者多少助益，可悲呀！

第四阶段："长"于助人。这是需要坐冷板凳的，2007年到现在，我从多个方面提升自己：

（1）拓展知识面，系统学习心理学、哲学、管理学、家庭教育学、成功学、人力资源管理等等方面的课程；

（2）有意识地扩大人际交往范围，提升人际交往的层次；

（3）分析自己的专长，找准自己的定位，就把自己的工作范围落地在和谐家庭建设＆成才教育这个层面，并结合大量案例，形成自己的理论体系；

（4）根据服务能力接受求助者，在实践中不断修正与完善这个理论体系，力求为每一个求助者提供超出其期望值的服务；

（5）在2008年我开办"生活化教育"的长期班，前后招收了139个学生，这其中有辍学的，有啃老的，有宅男宅女，有网络成瘾的，有严重叛逆父母的，有反社会人格类型者等等，使我的成才教育理念更为生动具体，有血有肉；

（6）为丰富自己的人生阅历，2009年我投资了一个综合商场，大大拓展了我的职业视野，为我对孩子们的事业生涯规划打下了良好的实践平台。这是我成长最快的阶段，但在这个阶段也留有遗憾，就是与家长朋友们的深入交流时间太少，总是想"把所有的问题都自己扛"，忽视了家长们、孩子们自助、自主成长的问题，可叹呀！

第五阶段："理"于助人。在这个阶段，我已经懂得了和谐家庭

建设 & 成才教育是一家三口人的四部曲，这一家三口就像是相互啮合着的三个齿轮，只有每一个齿轮都是完好的，而且都往一个方向转动的时候，这一组齿轮才能运作得更平顺，更有效率。这个阶段，我关于和谐家庭建设 & 成才教育一百多万言的系统理论与方法也瓜熟蒂落了，我把这些理论复又在最早接触的家庭中应用，反响好极了，可喜呀！

　　第六阶段："乐"于助人。如果说在2008年之前我把目光停留在孩子成长遇挫家庭的和谐家庭建设 & 成才教育，那么，2008年之后，我就打开了视野，把理论与实践的范围扩大到所有家庭，这惊人一跃的动力来源于我的奥运宝贝女儿，视野扩展后，我收获颇多：

　　（1）理念的根扎得更深厚了；

　　（2）理论体系也更加完整与科学；

　　（3）理论与方法的实践也经历了从特殊到一般，从一般到特殊，再从一般到普遍的实践历练，更具说服力及可操作性。我把"长大了"的理论体系在自己的孩子、家族里的孩子、朋友们的孩子中应用，取得了良好的反响，我又把他们应用在我的家长课程中，经历了30多届全国性的大型家长会，获得很高的评价，至此，我可以很自信地讲：我的理念可以和我的女儿一样健康茁壮地成长了。我已经有了向任何人推荐我理念的底气了，我觉得我所从事的事业无比的庄严神圣，而我又乐此不疲，此乃人生一大幸事，乐哉，乐哉！

☆☆　☆☆　☆☆　☆☆　☆☆

"意思是让我去上学呗。"斌眉心皱着。

我慢悠悠地站起身，目光喜悦而坚定的向斌伸出手，斌也慢悠悠地站起来，紧紧地握住我的手。

"斌，你终于想明白了，你知道我现在是什么心情吗？"

"看出来了。"

"什么心情？"

"高兴。"

"对，是高兴。为你高兴，为我自己高兴，为你爸妈高兴。如果你不去上学，要不了多久，恶劣的情绪就会死灰复燃的，唯有成长才可以对它斩草除根，不然的话就是'野火烧不尽，春风吹又生'。现在，我不担心了，斌，你情商很高呀，你是能够给我带来惊喜的人。"

• 摆脱"过去"的心灵密码

"那你从几年级开始呢？"我直奔主题。

斌一下子静了下来，表情也"拧"起来了，头微低着，目光"锁"在茶几的中央位置，眉头微锁，呈思考状。

又是一个长长的、让我不忍心打破的宁静。

"初二吧，初三也行，高一也没问题，上高二也凑合吧，反正，我去上学不就行了吗？"斌支支吾吾的搪塞我的问题，面红耳赤，脑门渗出了汗珠。

"斌，我们国家的教育制度也太不严肃了吧，可以让你在初二至高二之间任意选择？"我故意刺激斌。

"我觉得初三和高一都行。"斌挠着后脑勺，轻声地说。

"我也不知道你该上几年级。有关斌上学的事儿，你们一家三口一定要一起参与，共同努力，力争尽早办妥。有几个问题是必须要弄清楚的：

一、请学校老师帮忙测试一下斌的水平，以确定到底是该上几年级，这叫实事求是；

二、切实弄清楚没有中考成绩能否上高中（这是我为今后工作埋下的伏笔，可进可退的伏笔）；

三、既然斌下这么大的决心选择上学，我建议尽量进入好一点的学校，哪怕是降一级也要选一所好的学校；

四、要把斌的学籍、档案等手续都办妥当了，不留后顾之忧。

斌，你看行吗？"我具体化的。

"好，就这样办。"斌坚定地说，带着轻松，喜悦。

"恭喜斌，恭喜你获得了重生，今天是个好日子，心想的事儿都能成，明天是个好日子，打开了家门咱迎春风。唉，门外的灯笼露出红红的光景，好听的歌儿传达浓浓的深情，月光的水彩涂亮明天的日子哟，美好的世界在我们的心中……"我哼着这节奏欢快的小曲，就了站起来，又一次与斌热情的握手。我希望在轻松的气氛中再一次加深我与斌的友谊。

"现实再一次证明我伟大的发现——我们小伙子们总是心眼更活，更有智慧，总是能比父母更快地接受新鲜观点，也更有决心改善自己，从而获得更大的人生突破。昨天所有的荣誉，已变成遥远的回忆，辛辛苦苦已度过半生，今夜重又走入风雨。我不能随波浮沉，为了我挚爱的亲人，再苦再难也要坚强，只为那些期待眼神，心若在梦就在，天地之间还有真爱。看成败人生豪迈，只不过是从头再来……"当我再次说唱起小曲的时候，斌已经完全放松了。斌笑眯眯地看着我，在我的示意下打起了节拍，一身轻松，一脸幸福。

我停下来，轻声问斌："这歌词写得好吗？"

"挺好的。"斌脱口而出。

"斌，咱是有志青年，再苦再难也要坚持，看成败人生豪迈，只不过是从头再来。我建议你回去后，不管是上初三还是上高一，都选择住校。这几年来，你没有太多机会参与集体活动，对你的成长有一定的影响，这次入校后，在认真做好自己的同时，争取与每个同学都保持良好的关系。我期待着你的好消息……"我把对斌的建议都说了，把对敏与威的建议都统统压在了心底——有些话是不能当着斌的面说的。

• 好马，不用扬鞭自奋蹄

伤离别，离别已经在眼前。

我安排斌去房间收拾行李，也借机与贺先生夫妇沟通一下，我着重强调了这几点：

一、从今儿起，教育儿子的重任落在了贺先生的肩上了，魏女士配合即可；

二、每天写和谐家庭建设＆成才教育日记，及时与我沟通，把问题解决在萌芽状态；

三、严格按照和谐家庭建设＆成才教育家庭认可体系表梳理家庭关系，尽量避免与斌起任何争议与冲突，用心维护这来之不易的良好亲子关系；

四、有活动，你们还是来参加，千万不要因为孩子暂时有好转就放弃了对自己的要求与学习；

五、我永远是你们忠实的朋友，遇到棘手问题，请随时给我打电话。这两口子把我的建议工工整整地记在笔记本里，奉若"圣旨"，这

种态度让我感动。

回家后，斌积极配合老师的测试，并愉快地采纳了老师对他从初三上的建议，不到半个月的时间，斌就入学了。魏女士每天都把斌的事儿电话讲给我听，关于斌的好消息扎堆儿往我耳朵里钻——第三次考试，斌就获得了班级第一的好成绩，期末考试成绩更是位列年级第三名。成绩只是一个方面，更重要的是斌懂得如何与父母、如何与老师、如何与同学们相处了。

昔日那个阳光男孩又再现江湖。

• 儿子，能为母亲美容

寒假前，敏请我帮忙邀请斌到北京参加寒假的"四日课"——目的是提升斌的认识水平，巩固斌的良好状态。我电话邀请斌来北京帮我，斌爽快地答应了。

再次见到斌时，我差点认不出他了——因长时间打电脑游戏而弓了的背，挺直了；因迷失成长方向而积聚在眉心的乌云，散去了；见了陌生人怯生生的感觉，荡然无存了，现在的斌玉树临风，言谈举止自信有度。

还有更让我吃惊的呢，过去那个灰头土脸的、皱巴巴的、小老太太似的魏女士人间蒸发了，眼跟前的她精气神绝佳，穿着光鲜，满面红光，眉宇间透着喜

庆，未讲话已笑先闻，逢着老朋友就打招呼，传喜报，认识她的人都震惊于她的转变，她成为新闻中心，成为大家的榜样。

大家一致请求魏女士母子分享他们的经历，魏女士母子没有推迟，没有敷衍，相反，他们是有备而来，他们每人讲了半个多小时，听得大家热泪盈眶，信心满满。

手臂断了可以愈合，信心断了呢？

当我以"儿子取得大大的成长突破，能为母亲美容"这句话做总结时，全场响起了经久不息的掌声。

● 不相忘的感动

巧了，就在本书快要结稿的时候，我接到了魏女士的电话。

2014年7月2日11:03，通话时长7分钟21秒。

对于我第一声就听出了她的声音，叫出她全家人的名字，魏女士很感动，说真没想到几年过去了，她的电话号也换新了，我还能记得她们一家人。

大家简单问候了彼此的近况后，魏女士切入了主题，她说斌明年就要毕业了，面临就业选择的问题，他们一家人都很信任我的，想听听我专业的见解，并请我帮忙想想门路。

斌目前在上海理工大学就读，学的是热力工程方面的专业。斌运气不错，我正给国内一家著名的燃气热水器上市公司做人力资源规划服务，对该公司的情况非常了解，可以为斌做一次伯乐。

"专业对口，如果斌愿意，我可以引见他到这家公司试试。"

这对我来说是举手之劳，却让魏女士感激涕零，一遍遍的表达感谢之情。

放下电话，我心情格外轻松，信手推开窗户，天气真好！

《做个引领孩子成才的好妈妈》姊妹篇《妈妈如何引导孩子成才》

即 将 推 出

第一章　撕破家的牢笼

● 被父母以死相逼的包办婚姻，成了我命运的枷锁；叛逆与自我又让婚姻成了吞噬我幸福的魔鬼；孩子父亲以亡我全家的威胁，扼杀了我挣脱痛苦婚姻的重生希望；儿子一如我们的叛逆给了我当头棒喝，我成了家庭的困兽，我该怎么办呢？

● 我终于明白了，我们特殊的家庭氛围成了因禁儿子的牢笼，他的抗争，他的叛逆，他的颓废，他的烦躁，……，这些表象掩盖了他想要突破与改变的本质，他内心是何等的无助与恐慌呀！

作为母亲，岂能坐视儿子在火坑里煎熬，带着满身伤痕，我撕破了家的牢笼，解放了自己，拯救了儿子，也让画地为牢的老公重振雄风，我做到了，你呢？

第二章　我到底怎么了

● 大学同学自由恋爱的老公，口口声声说最爱我的老公，总是一脸无辜伤害我的老公，近在咫尺的你让我如此的孤寂，心总不能安放在你的怀抱，油盐酱醋茶侵蚀了爱的成色，你总像个长不大的孩子，从不给我内心伤口愈合的周期，我的叛逆折射出的更多是你的罪责，我们都成了孩子眼中的坏孩子。

当孩子成为传统社会评价体系下的"坏孩子"，我们慌乱得像犯了大错的孩子，也算是社会精英的我们，为何在家庭中都表现得如此"弱智"呢，朋友眼中佼佼者的你，为何让我如此心痛，我到底怎么了？

● 结婚后的那五、六年，他和他的家人对我的暴行已像无法根治的毒一样侵入到了我的血液中，判了我终生幸福的死刑。本以为可以为了孩子苟延此生，没想到孩子成长的挫折给我死水般的生活搅起了翻天巨浪，我知道这是我们咎由自取。要教育好孩子，先要创和谐之家，需要我与他和解，他现在倒是转变了好多，也想对我和孩子好了，整天很肉麻地献殷勤，但我还是见了他就恶心，我到底怎么了？

第三章　思维开花节节高

● 母亲在情绪与思维上的修为是孩子心理健康与心灵幸福的灯塔，母亲修为越好，就会照亮和鼓舞孩子走得更稳、更远。但现实中，很多母亲的精神脊梁被生活的飓风摧毁，孩子们则陷入盲人骑瞎马夜半临深池的险境，该如何为这些绝望的母亲们解困呢？

第四章　找回失去的自我

● 高三辍学一年的儿子，在刘光应老师的帮助下考上了重点军校，当我庆幸孩子终于找回失去的自我时，娇生惯养的他要当逃兵，却得到了其父亲及其家族人的一致认同，我一己之力要与他们强势的家族抗争，无异于蚍蜉撼大树。我深知如果孩子这次当了逃兵，就没有事儿他不能当逃兵了，为了孩子，哪怕我搭上老命也决不妥协，我该怎么办呢？

我再次求助于刘光应老师，他不仅帮我们找回了失去的孩子，还帮我们找回了失去的自己。

几年后的今天，当我的车子在北京失去了动力，一个电话，刘老师帮我的车子找回了动力，原来，我们失去的不是别的，而是人生的信念！

● 女儿，你才15呀，你交的男朋友比你的岁数都多，你知道妈妈多么为你担心吗？女儿，你十天半个月的夜不归宿，你知道妈妈每天是怎么过的吗？女儿，你整天游荡在那些不三不四的社会渣子丛中，你知道你已经把妈妈逼上绝路了吗？

女儿，因为你，你爸爸和我离婚了，你已经失去了爸爸，你还不知道醒醒吗？难道你要让妈妈一无所有吗？

女儿，妈妈不要失去你！

这个女儿还能找回来吗？

这个家庭还能找回来吗？

● 曾经温柔似水的我，变成了吃掉孩子微笑与快乐的母老虎；曾经善解人意的我，变成了孩子眼中的偏执狂；曾经耻笑当妈的迂腐与唠叨，但现在的我仿佛也钻进了那个怪圈；曾经以为自己多么的豁达与洒脱，但孩子的一举一动都会让我心潮澎湃，曾经的那个我还能回来吗？

● 总担心失去老公，总担心失去孩子，现在，老公要失去了，又要失去孩子，我慌了阵脚，我不能再失去自我了，我该怎么办呀？

第五章　永不消逝的灯塔

● 儿子，请原谅在妈妈还未成家时就有了你；儿子，请原谅妈妈没有给你一个完整的家；儿子，请原谅在你生命的16年里，妈妈仅仅给了你不到三个月的陪伴；儿子，请原谅妈妈总是自私的逃避对你的义务；儿子，我知道我是个极端叛逆的人，过去的我是，现在的我依然是，你是我的儿子，你的基因里一定也带着我的叛逆，可能你的叛逆会再次加快我逃避责任的脚步，我现在有了一点责任感了，有一点母亲的样子了，请你帮我延续这个状态好吗？

我也不想从你的世界里消失，这需要我们共同努力，请不要再与我对抗了好吗？

我找到刘老师，就是要给自己一个做基本合格母亲的机会，儿子，请给妈妈一点点信心，好吗？

第六章　这样当妈，我骄傲！

谁不想当个好妈呀？

以前也没人教我们呀，早知道这些，我们也不会走那么多弯路了。

姐妹们，知道这些，我们就等于拿到当妈的合格证了。

- **人际关系的因素**

1. 人际关系的维度

2. 人际关系的高度

3. 人际关系的角色

4. 人际关系的态度

5. 人际关系的影响

6. 人际关系的环境

- **成长期的划分及各成长期的关键点**

一、版图期　7岁之前（包括7岁）

1. 爱之版图

2. 爱好之版图

3. 好奇心之版图

4. 生活品位之版图

二、容器期　8—13岁（包括13岁）

1. 容入视野

2. 容入生活品质

3. 容入成长品质

4. 容入成才品质

三、展翅期　14—19岁（包括19岁）

四、交换期　20岁以后

1. 对交换的认识

2. 交换中的位置

3. 交换行为的内涵

4. 交换产生的条件

5. 交换意识的升华